일단 시작해봤습니다 꿈꾸던 카페,

Of , By , For All
모두에 , 모두에 의한 , 모두를 위한

목 차

프롤로그 : 어딘가 있을 가게를 꿈꾸는 사람들에게

잭지트와 사람들

013 : 어느 섬에서 다섯이 만난다면
017 : 어떤 아이 , 어떤 부모
021 : 대학가 카페, 어딘가 있을 낭만의 발견
027 : 처음부터 경력직은 없잖아요
034 : 잭지트의 가장 오래된 단골은
039 : 미래의 너를 기대해
045 : 부모님을 모시고 온다는 건
048 : 냉장고를 부탁해
052 : 언젠가 돌아올 당신의 여행을 응원하며
056 : 우리는 그를 바보 외국인이라 부르기로 했다

목 차

061 : 수많은 약속이 모여 잭지트로 흘러갔다
066 : 드립을 권해보는 마음
072 : 당신을 기다리는 마음
076 : 해외생활을 권하는 마음
081 : 어떤 위로에 대하여
085 : 글씨가 전부는 아니잖아요
089 : 인생의 걸음을 함께 내딛어 간다는 것
092 : 사장님 없어도 괜찮아요
095 : 공무원이 되어버린 천재를 아시오
100 : 잭지트에는 요정이 산다
103 : 하고싶은 것을 좋아하는 것을 한다는 것
108 : 메이는 오늘도 달린다
111 : 자유로울 자유

목 차

잭지트와 나

115 : 서비스업을 시작하게 된 이유
120 : 우산의 마음
123 : 책의 마음
127 : 케이크의 고통과 기쁨
133 : 우주가 보내는 음식 신호
135 : 누구라도 아쉬워하게 하고싶지 않아서
138 : 시작은 미미했으나 끝은 잭지트가 되었다
143 : 코로나여서 오히려 좋아
146 : 카페사장이라는 즐거움
150 : 새로운 것을 소개하는 것의 어려움
155 : 글씨 천재가 된 잭 사장님
159 : 음악은 취향을 싣고

목 차

162 : 영업시간을 지키는 마음
165 : 가게의 홍보와 확장 그 딜레마 사이에서

나만의 가게를 준비하기

170 : 대기업과 작은 가게의 생존전략
175 : 적절한 위치의 중요성
178 : 무엇부터 배워야 하나
182 : 별도의 광고를 해야 할까
189 : 직원을 대하는 마음

에필로그 : 언젠가 어딘가에서...

어딘가 있을 가게를 꿈꾸는 사람들에게

 사람들은 모두가 저마다의 가게를 꿈꿉니다. 그 형태는 무척이나 다양해서 열 명의 사람이 있다면 저마다 꿈꾸는 카페는 열 명 모두 다른 모습입니다.
 일본에서 방영된 '심야식당'이나 '카모메식당'같은 모습일수도 있고 술을 좋아한다면 '바 레몬하트'나 '바텐더' 같은 만화책 속 등장하는 가게와 비슷한 모습일수도 있습니다.

 또한 제가 해외를 여행할 때면 각 나라 사람들은 모두 저마다의 단골가게를 가지고 있다는 것도 알 수 있었습니다. 익숙한 맛 때문일수도 있고 그 가게가 주는 편안함 때문일수도 있습니다. 다만 그 루틴에서 벗어난다면 모두들 일상에서 허전함을 느끼거나 여유가 없다고 느낀다는 말을 자주 접했습니다.

 이런 모습을 보면서 사람들에게는 집과 일터 외에도 제 3의 공간이 필요하다는 생각을 했습니다. 제가 일했던 S사는 사람들의 일상에 그런 역할을 할 것을 늘 강조했었는데 실제로도 한국의 사람들에게 그런 역할을 제공해 주기도 했고 한국 카페 문화에 적지 않은 영향을 끼쳤습니다. (여전히 그런 지는 잘 모르겠습니다)
언젠가 가게를 한다면 매일 놀러 오듯이 찾아오는 가게. 일상 생활 속 루틴으로 자리잡아서 들르지 않으면 약간의 허전함을 느낄 수도 있는 그런 가게를 만들고 싶었습니다. 그렇게 하나씩 생각하던 것들이 잭지트라는 형태로 구현되었습니다.

 글을 쓰면서 떠오른 수많은 얼굴들이 있습니다. 지금도 꾸준히 가게를 찾아주는 이들도 있는 가하면 꿈을 위해 멀리서 도전을 이어가고 있는 친구들도 있습니다. 그 얼굴들을 떠올릴 때마다 작은 미소가 지어집니다. 언젠가 그 친구들도 잭지트를 떠올릴 때 저와 같은 미소를 지을 수 있다면 바랄 게 없겠습니다.

가게를 하면서 수많은 선물과 편지들을 받았습니다. 아마 살면서 가장 많은 선물들을 받았던 시기가 아닐까 싶습니다. 흔히 말하는 MBTI의 유형상 극 I에 속하는 저의 경우에는 가게 밖에서는 사람들을 거의 만나지 않아서 이런 경험이 무척이나 이색적이었습니다.
(손님들은 모두가 저를 E라고 생각합니다만)

종종 꽃다발이나 화분을 선물로 받을 때가 있었습니다. 여느 남자들이 그렇 듯이 처음에는 다소 당황스럽고 이게 뭐지 라는 생각도 하긴 했지만 횟수가 늘어남에 따라 점차 꽃선물의 즐거움을 느끼게 되더라고요. 이 꽃을 고르게 될 때의 마음과 향기가 시간이 지나도 여전히 느껴질 때가 많습니다.

 그런 마음들이 쌓여갈 때마다 언젠가 보답하고 싶어서 이 책을 썼습니다. 이 책이 누군가에게는 흔한 가게 이야기일 수도 있겠지만 누군가에게는 작은 선물이자 제가 준비한 꽃다발이라 생각해 주길 바랍니다.

잭지트와 사람들

어느 섬에서 다섯이 만난다면

"사장님 어디 가시더라도 꼭 알려주셔야 해요!"

 적어도 한 달에 한 번은 가게로 얼굴을 비추는 커플친구들이 있다. 가게를 어딘가로 옮기더라도 기필코 따라오고 말겠다는 듯한 친구들의 이런 말들은 설혹 인사치레라고 하더라도 나의 기분을 뿌듯하고 으쓱하게 만든다. 올해가 지난다면 시기도 미정이고 장소도 미정인 나의 가게를 기다릴 거라고 말하는 사람들

"서울이 될 수도 있는데? "
"그 정도야 문제 없죠. 대구가 제일 좋긴 하지만 지금처럼 자주는 못 가더라도 갈래요"
"제주도는 어때? "

"그럼 더 좋죠! 사장님도 보고 놀러가는 기분도 나고!"

 감동적이다. 지금까지 가게 운영한 보람을 이런 대화를 나눌 때 더 강렬하게 느낀다.

"그 때까지 저희가 계속 만나면 꼭 같이 갈게요!"

 반대편에서 가만히 듣고 있던 남자친구가 장난스런 표정을 지으며 약오르는 표정으로 말한다.

"나는 혼자라도 갈 건데? "

 이건 배신? 하지만 여자친구도 만만치 않다.

"사장님 그 때 사귀는 남자친구와 갈 수도 있고요"
"저도 그럴 생각인데 그러면 다섯이서 동시에 볼 수도 있겠네요"

말로 레프트 , 라이트 펀치를 주고받은 커플의 표정은

어딘가 분명 닮은 구석이 있다.

 제주도의 어느 바닷가가 보이는 해변에서 조용히 바다를 거니는 커플들. 간이길과 모래를 밟으며 나아가던 그들이 이윽고 다다르는 어느 조용하고 고즈넉한 카페... 언젠가 이게 현실이 될 수도 있을까? 한 커플이라면 꽤나 낭만적이겠지만 두 커플이 겹친다면 지나간 어느 듀오의 노래 가사같이 파도치는 가슴 아픈 풍경일수도 있고 혹은 미국 서부 황야의 어느 결투 장소같은 순간일지도
 그나저나 두 명을 뿌렸는데 넷이 온다는 건 사장의 입장에서 꽤나 멋진 투자가 아닌가. 왠만한 복리이자보다 나은 결과를 보장하는 잭지트다.

 가게를 하면서 스쳤던 그리고 꽤나 오래 머물렀던 여러 커플들이 문득 생각난다. 어떤 이들은 혼자가 되더라도 꾸준히 방문하는 친구들이 있는가 하면 어떤 이들은 가게와 얽힌 상대방과의 추억 때문에 다시 보기 힘들어 지기도 했다. 모두들 여전히 그립고 어떤 식의

방문이라도 반갑기는 마찬가지지만 그럼에도 불구하고 가장 기쁜 순간은 함께하던 그 모습 그대로 다시 가게를 찾아주는 것이다.

 눈 앞에서 여전히 아옹다옹하는 친구들을 보고 있으니 그런 마음이 더 강하게 든다.
 서로 투닥거리다가 계산을 하고 남자친구가 먼저 차를 가지러 가고 여자친구가 나와 조금 더 수다를 떨다가 나간다. 여자친구가 나가는 순간 다른 단골이 스치며 들어온다.

"어? 사장님, 방금 따로 나가신 분들 커플 맞죠? "
"맞아, 따로 나갔는데 어떻게 알았어? "

 다른 단골이 씨익 웃으면서 대꾸한다.
"두 분 생김새는 전혀 다른데 얼굴 표정이 완전 똑같으시던데요? "
그렇지? 나 역시 그런 생각에 절로 웃음이 나온다.

어떤 아이, 어떤 부모

 연일 방송에 나오는 노키즈존 문제에 이어서 최근에는 노시니어존까지 등장하는 세상이다. 제주 어느 카페에 등장했던 노시니어존은 사건의 진상을 조사하자 주인아주머니를 향한 희롱성 언사를 일삼는 동네 어른들 때문에 생겨난 문제였다.

 내가 이야기 하고 싶은 부분은 노키즈존이다. 잭지트는 노키즈존을 행하지 않지만 통제가 되지 않는 아이의 행동과 옆 테이블에까지 피해를 주는 모습을 볼 때면 종종 시행하고 싶은 충동을 느낀다. 다만 이야기 하고싶은 건 노키즈존의 좋고 나쁨의 문제가 아니라 어떤 아이로 하여금 노키즈존을 행하고 싶게 만드는지에 대한 생각 혹은 관찰의 기록이다.

4년 정도 가게를 운영하면서 무수하다고 할 정도는 아니지만 꽤 많은 아이와 부모들이 가게를 이용하는 걸 지켜봤다. 결과는 극단적으로 두가지 양상을 띄었다.

 첫번째 유형은 모두가 노키즈존 하면 떠올릴 수 있는 통제되지 않는 고함을 지르는 아이와 부모다. 부모는 어떻게든 아이를 조용하게 하려고 태블릿이나 스마트폰을 건네 주고 어떤 영상을 보여주곤 한다. 그리고 아이가 잠시 조용해지면 본인들의 식사와 개인 스마트폰을 보면서 잠시간의 정적을 즐긴다. 이내 관심이 식은 아이는 다시 고함을 지른다.

 둘째는 조곤조곤 하게 대화를 나누는 아이와 부모다. 이 경우에는 아이에게 절대로 스마트폰을 보게 하지 않는다. 더불어 본인들도 스마트폰을 이용하지 않는다. 아이와 가게에 비치된 보드게임을 즐기거나 스무고개 같은 놀이 등을 통해 아이와 정서적인 교감을 이룬다. 대화는 주변에 피해가 되지 않게, 지켜보면 절로 미소가 나오는 모습

하나 혹은 둘 정도의 사례라면 모르겠지만 가게에서 나름 통계가 쌓일 정도의 이용횟수가 생기고 나니 두 가지 양상이 명확하게 갈라졌다. 그렇다면 무엇이 아이로 하여금 이런 차이를 만든 것일까?

 답은 부모의 관심과 본을 보이는 모습에 있다. 아이와 어린이 그리고 청소년은 무엇을 보고 성장하는가. 그건 당연히 가장 가까이 있는 어른이다. 동물과 함께 자란 아이는 두발로 걷지 않는다. 어린이가 스마트폰에 빠지게 되는 이유는 컨텐츠가 중독적이어서 가 아니다. 청소년이 욕설과 비행을 모방하는 것은 과연 무엇을 보고 그런 것일까.

 나는 이전에 두명의 자녀를 둔 부모가 방문해서 어머니는 부동산 계약과 가격의 오르내림 때문에 스마트폰을 신경 쓰느라 아이가 유치원 그리고 학교에서 있었든 일을 이야기할 때 듣는 둥 마는 둥 하던 모습이 잊혀지지 않는다. 좀 더 나이가 있는 고작 초등학생 밖에 되지 않은 아이가 들어주지 않는 모습에 체념한 듯 침묵

하는 표정 역시도. 아버지 역시 어떻게든 회사 카드로 비용처리해서 탈세를 하는 모습 같은 것들도.

 어린 아이일수록 부모의 관심이 필요한데 일상적인 대화의 톤으로는 부모의 관심을 끌지 못하고 고함을 질러야만 그제야 관심을 가지는 부모를 둔다면 아이의 기본 데시벨은 자연스레 고함에 맞춰질 수 밖에 없다.

 어렸을 적 어머니가 탁아소를 운영하시고 원하든 원치 않든 하교 후에는 아이를 봐야만 했던 나의 어린 시절을 떠올려보면 어린 친구들을 돌보아주는 것이 쉽지 않은 일임은 알고 있다. 다만 그럼에도 불구하고 아이의 행동으로 작게는 이용하는 가게의 옆 테이블 그리고 가게 직원들에게, 나아가서는 노키즈존을 시행하는 가게가 늘어나고 아이와 가게에서 함께하는 시간을 보내고 싶은 다른 부모와 아이에게 까지 피해가 번졌을 때 과연 우리는 그 책임을 아이에게 물어야 할 것인가, 부모에게 물어야 할 것인가.

대학가 카페 어딘가 있을 낭만의 발견

 잭지트는 대학교 근처에 있어서 대학생 및 학교 관계자들이 한번씩 온다. (번화가가 아니라서 찾아서 오지 않으면 우연히 방문하기는 힘든 위치이다)

 저녁 영업을 시작할 무렵 두 번 정도 였던가 방문했던 기억이 있는 대학생 친구들이 안쪽 테이블에 자리를 잡았다. 손님도 나를 인지하고 나도 손님을 인지하는 순간이 단골의 기준이 아닐까. 그런고로 이분들 역시 단골이라 편하게 이야기를 이어가며 훈훈한 분위기를 만들었다.

 주문을 만들던 중 두번째 테이블이 들어왔다. 잭지트는 일인운영가게여서 테이블수가 적어 구석에 일인 테이블을 제외하면 세테이블이 만석이다. 그런고로 앞으로 한테이블이 더 들어온다면 잭지트는 만석이 되는 셈이다. 두번째 테이블은 이미 숱하게 방문한 적이 있는 손님 분들이라 역시나 간단한 이야기를 주고 받으며 주문 접수와 메뉴 제조를 이어갔다.

 그 즈음이었을까. 서로 연관성이 없는 두 테이블에서 대화가 이어지는데 종종 상대방 테이블의 반응에 흠칫하는 모습들이 보였다. 딱히 문제가 될 법한 대화는 없었는데 무슨 일일까.

 이윽고 두테이블 모두 음식을 받고 다시 매끄럽게 분위기가 이어질 즈음 세번째 테이블의 손님이 입장했다. 이 분들 역시 종종 오시는 대학교 교수님들. 다만 평소와 달랐던 건 다른 두 테이블에서 당황하는 표정과 눈이 동그래졌다는 부분 정도일까.

"교수님" "교수님"

두테이블에서 동시에 나오는 외침인지 비명인지 알 수 없는 소리에 교수님들보다는 오히려 당사자들이 더 놀란 것 같다고 느낀 것은 기분 탓일지도.

"여기 혹시 국어국문학과 행사장인가요? "

 둥근 안경을 콧등위로 살짝 얹은 교수님의 가벼운 농담에 그제야 상황이 파악됐다.
 두번째 테이블 손님들이 국어국문학과 대학원생인 건 사전에 알고 있었던 바 그렇다면 오늘 저녁에 들어온 손님은 학부생, 대학원생, 교수님 이런 순인 셈이다. 공교롭게도 테이블 모두 다른 날 다른 시간대에 잭지트를 이용한 단골들인 셈이고. 이제야 중간중간 대화 사이에 나오는 이름이나 명칭들에 손님들이 의아해했던 의문 역시 해결된 셈이다.

 다행히 간단한 소개(학부생들과 대학원생들은 서로 잘 몰랐던 지라 교수님이 소개해 주었다)를 마치고는 불편함없이 저마다의 시간들을 보낼 수 있었다. 교수님이 평소 학교에서 권위적인 모습을 보여주지 않았기 때문일까 학생들이 이내 긴장을 풀고 편하게 자기들의 이야기로 돌아갔다. (그런 성격들이셨다면 잭지트의 단골이 되기는 힘들었을지도 모릅니다)

 각자의 테이블에서 저마다의 시간들을 보내는 것을 바 안에서 지켜보면서 뿌듯할 때 느껴지는 간지러운 감각이 속 안에서 느껴졌다. 이렇게 공통적으로 잭지트라는 가게의 단골이 된 것은 학과의 분위기와 잭지트의 감성이 잘 맞기 때문이었을까.

 커피를 공부하면서 중세시절 카페가 처음 생겼을 당시 카페의 기능은 우리가 느끼는 지금의 기능과는 사뭇 달랐다고 한다. 지식인들이 서로의 생각을 나누고 학문적 토론을 하는 장소. 그 장소에는 청년, 장년, 노년이 상관없이 서로의 이야기를 듣고 생각을 나누는 그런 공간. 비록 지금 상황이 그와 같을 수는 없다고 하더라도 작은 단서를 발견한 기분이다. 추후에 무언가를 기획할 때 이 단서를 확대시킬 수 있을 것 같다.

이내 교수님들은 가장 늦게 들어왔지만 가장 먼저 자리에서 일어나셨다. (추후에 따로 이야기를 들어보니 본인들이 계속 있으면 학생들이 불편해 할 것 같아서라 한다) 그러고는 나지막하게 말씀하셨다.

"이걸로 다른 테이블 것들도 다 계산해주세요"

 이 무슨 어른스럽고 츤데레 같은 모습이란 말인가. 왠지 이 훈훈한 여운을 놓치고 싶지 않아서 티 내지 않고 조심스레 모든 테이블의 결제를 마쳤다.
 교수님이 나가시고 두번째로 들어왔던 대학원생들도 자리에서 일어나 결제 자리에 왔다.
 조용하게 자초지종을 설명하자 살짝 당황하시다가 마찬가지로 나지막하게 말씀하셨다.

"그러면 여기 있는 디저트 하나씩 담아서 저기 있는 학생들 나갈 때 챙겨주세요"

 이게 맞나? 순간 의문이 들었지만 이 것 역시 훈훈한

분위기의 연속이라 사양하지 못하고 마찬가지로 조용하게 결제를 진행했다.

 이윽고 마지막 테이블이 나가는 순간 이 모든 상황을 알게 된 학생들의 어쩔 줄 몰라 하는 표정. 모든 범죄의 공범이 된 나로서는 딱히 할 수 있는 말은 없었다. 그래도 말 해야지. 사장이니까.

"영화에서나 볼 것 같은 이런 일도 일어나네요. 일종의 낭만 아닐까요. 대학가 카페에서 겪을 수 있는 낭만"
"나중에 학교에서 뵙게 되면 감사드려야겠어요"
"그리고 어차피 오늘 여기서 결제하려고 한 거 못했으니까, 이번주 내로 또 올 게요"

괜히 낭만의 한 부분이 된 것 같은 기분도, 낭만 속 수혜자가 된 것 같은 기분도 드는 그런 날이었다.

처음부터 경력직은 없잖아요?

"다음 알바는 카페를 해보고 싶은데 경력이 없으니까 잘 뽑아주지 않아요"

가게 인근에 살아서 자주 방문해 나와 놀아주는 단골 S. 나이는 21살.

학업을 진행하면서 본인의 생활비는 아르바이트를 통해 충당하는 친구는 요즘 더 나은 아르바이트 자리를 구하고 싶어 고민이다. 기존에 하는 아르바이트는 PC방 알바. 나쁘지는 않지만 마땅히 새로 배우는 것도 없고 여러 의무사항도 지켜주지 않아서 투덜거릴 때마다 나 역시도 다른 아르바이트를 구해보라고 함께 알아보기도 하고 권유하기도 했다.

"카페 일하는 거 진짜 생각보다 별 거 아닌데"
"그런데 진입 장벽이 너무 높아요. 다른 지원하는 사람들이 자격증도 있거나 경력이 있거나 하니까"

이야기를 듣고 있다가 문득 생각이 들어 말했다.

"들어와. 경력직으로 만들어주지"
"에, 정말요? 교육비도 따로 못 내는데"
"맘에 걸리면 우유 같은 재료비나 간식이라도 한번씩 사다주면 돼"

잭지트 단골 쯤 되면 이런 경우 사양하지 않는다. 내가 진담으로 하는 말이라는 걸 알기에. 그렇게 얼렁뚱땅 진행된 바리스타 교육은 주로 가게가 조용한 시간대에 수차례 이루어졌다.

나름 S사를 다닐 때도 교육 담당이었고 호주에서는 전문 바리스타 강사로 일했던 경력도 있던 지라 교육 자체는 무리가 없었다. 그리고 직접 매장을 운영해보면 알겠지만 생각보다 이런 활동에는 재료비가 많이 들지 않는다. 인건비는 내가 좋아서 하는 거라 제외하고 재료비는 주변 지인에게 커피 한잔 사 주는 가격정도다.

 종종 교육 요청이 들어오면 돈을 받고 커피든 요리든 베이킹이든 진행하긴 하지만 단골들을 대할 때면 그런 경제적인 조건을 내세우지 않는다. 이들이 나아가 좀 더 나은 경험을 하길 바라는 마음과 나 역시도 이와 같은 때가 있었기 때문에.

 내가 커피를 시작할 즈음만 해도 커피머신을 다루는 기술이 지금보다 더 진입하기 어려웠다. 요즘처럼 만연한 교육장도 없었고 카페가 흔하지도 않았으며 유튜브와 같은 플랫폼도 없었기에. 더군다나 가정용으로 보급되고 있는 커피머신은 비싸서 개별적으로 구매하기도 어려웠다. 어렵게 구한 카페 일도 잡다한 업무는 시켰지만 머신을 다루는 기술은 특별한 것인 것 마냥 건드리지 못하게 했었고(이런 문화는 아직까지 한국 내 커피, 요리, 베이킹 모든 분야에 남아있다) 나의 방법은 오직 책을 통한 공부 밖에 없었다. 그렇게 한걸음 씩 나아가다 비로소 커피머신을 다루게 되고 카페의 모든 업무를 맡게 되었을 때는 일종의 성취감도 있었지만 허탈감도 컸다. 고작 이런 걸 지금까지 아무도 못하게 했다고? (부연설명하자면 커피 업계 자체가 만만하다는 이야기는 아니다. 다만 진입 장벽 자체는 모두의 생각보다 높지 않고 그 기준선을 넘어 바리스타가 되었을 때, 그 때부터 진정한 전문가가 되는 여정이 시작된다) 그 때부터 였을까 한국에서든 외국에서든 내가 하는 모든 일에 있어서 누군가가 진입하고 싶어하고 새롭게 경험하고 싶어하면 도와주는 노력을 아끼지 않게 되었다.

가장 큰 문제는 한국의 고용 방법의 문제다. 모든 분야에 있어서 자격증과 경력을 요구하는 한국의 문제는 나의 입장에서는 적당한 허세주의와 특권의식으로 밖에 보이지 않는다. 정작 자격증이나 관련 학업을 마치고 신입을 받아도 경험이 없는 친구와 매장에 적응하는 데에는 큰 시간 차이가 나지 않는다. 외국에서는 이와 같은 업종의 일을 할 때 별도의 자격증이나 학업을 요구하지 않는다. 그저 잠시의 트라이얼(짧은 견습기간 정도라고 보면 된다)을 거치고 함께 할 수 있을지 나아질 수 있을지 판단할 뿐. 나 역시도 요리나 베이킹이라는 새로운 도전을 시작할 때 한국에서는 거의 불가능했지만 외국에서는 쉽게 일하며 배울 수 있었고 모든 기술을 익힐 수 있었다.

 커피 뿐만이 아니라 가게를 자주 찾는 손님들이 멀리 이사를 가서 못 보게 되거나 내가 가게를 정리할 시기가 다가올 즈음에 아쉬워하는 모든 이들에게 본인이 선호하던 모든 레시피를 공유한다. 모든 레시피는 나의 창작 혹은 응용이기 때문에 누군가의 허락을 받을 필요도 없을 뿐더러 내가 제시한 작은 단서에 당사자가 느낄 수 있는 현재의 즐거움 그리고 나아가 어느 순간 확장될 모든 경험들을 응원하고 싶은 마음에서다.

"이 정도면 어느 카페를 가더라도 경력자라고 하고 시작해 볼 수 있겠는 걸"

"근데 경력은 없는데 어떻게 시작하죠? "
"경력이 뭐 별 건가. 이 때까지 여기서 배운 게 경력이지. 원하면 내가 추천서를 써 줄 수도 있고. 아, 이건 한국의 방법은 아닌가? 그럼 적당히 여기서 배운 걸 지인 가게에서 일한 경력이었다고 해버리라고"

 S의 라떼가 점점 하트에 가까워지는 순간에 이 친구의 경험과 이 걸 지켜보는 나의 경험. 그리고 나아가 어느 순간 본인의 꿈에까지 영향을 줄 수 있을지도 모른다는 기대. 지금은 어느 카페의 알바를 구하는 게 목적이지만 이 것을 계기로 어느 날 세계 바리스타 대회를 석권한 누군가의 시작이 될 지는 누가 알 것인가.

잭지트의 가장 오래된 단골은...

"그럼 잭지트에서 가장 오래된 단골은 누구에요? "

 나름 2년 넘게 잭지트 문지방을 들락거리는 단골과 이야기를 나누다 나온 이야기였다. 모두의 호기심을 유발하는 질문이었던지 가게에 있던 모든 단골들의 이목이 집중되는 걸 느꼈다. 가장 오래된 단골이라.

 단골의 기준은 무엇일까. 방문빈도? 나와의 거리감? 꽤나 명확하게 정의하게 어려운 기준이지만 머릿속을 스치는 여러 인물들이 있다. 매일같이 보다가 졸업이나 다른 이유로 실체적 거리감이 멀어진 사람들. 그럼에도 불구하고 기회가 될 때마다 찾아오는 사람들. 그 중에서 가장 오래된 단골.

잠시 고민하다가 이내 작은 웃음이 나온다.

"있지. 며칠 전에도 봤을걸? "
"정말요? 제가요? "
"다른 사람들도 모두"

 다들 웅성웅성. 저마다 최근에 스쳤던 사람들을 떠올리고 있으리라.

"잠시만 있으면 또 올 거야"
"아 정말, 누구지? "

 잠시 뒤 유리창 너머로 보이는 작고 귀여운 실루엣. 흑색과 갈색이 기묘하게 뒤섞인 한 마리 고양이가 출입문 너머로 가게를 바라보고 있다.

"저기 왔다"

 다들 출입문 너머의 고양이로 시선을 집중했다. 멀리

서 나마 시선을 느꼈는지 구석으로 숨어서 고개만 빼꼼 내밀어 가게를 바라보고 있다.

 이름도 모르고 지어 주기도 어렵지만 가게를 시작한 3개월 즈음부터 4년차가 되어가는 지금까지 꾸준히 가게를 방문하고 음식과 음료를 받아가니 이 친구가 단골이 아니면 누가 단골일까.

 처음 보았을 때는 작은 아기 고양이였는데 그 사이에 이 친구의 묘생은 여러 풍파가 있었고 나는 멀리서 때론 가까이서 묘생을 지켜보며 함께 있었다. 작은 고양이와 친해지기 위해서 멀리서 사료와 물을 두는 우리끼리의 암묵적인 규칙을 형성하던 초창기부터 어느 날 품고 나타난 3명의 새끼 고양이들을 데리고 다니던 모습. 길고양이의 삶이 순탄치 않았던지 어느 날부터 한 마리씩 모습을 감추기도 했고 어느 날 출근 즈음에 싸늘해 진 아이 하나의 주검을 발견하고 묻어 주기도 하던 순간들. 그 순간들에 녀석과 내가 있었다.

"우와 저 녀석 아직도 있네요? "

 학교 다니던 시절에 잭지트에 머물다가 취업과 동시에 멀어져서 가끔 들리는, 오랜만에 가게에 방문한 3년차 손님이 녀석을 알아보고 반가워한다. 길고양이 수명이 평균 3년 전후라고 하는데 지금까지 꾸준히 우리 가게를 오갈 수 있는 모습이 기특하기도 하고 애틋하기도 하다.

 녀석은 과연 나 그리고 잭지트를 어떤 존재로 인식하고 있을까. 언젠가 기술이 발전한다면 혹은 더 많은 시간이 지나 이 곳 현실이 아닌 무지개가 펼쳐진 장소에서 서로 마주한다면 잠시라도 대화를 나눠보고 싶다. 너에게 잭지트는 어떤 의미였니.

미래의 너를 기대해

 잭지트에서 가장 영향력 있는 단골 중 하나라면 L이 있다. L의 요청으로 새롭게 만든 디저트도 다양하고 반영된 잭지트의 방향성도 무시하지 못한다. 잭지트라는 배의 컨디션을 책임지는 일종의 조타수인 셈이다. 종종 인테리어나 디저트 디자인에 있어서도 쓴 소리도 아끼지 않아 관련 피드백을 겸허하게 수용하는 편이다. (L은 이 부분을 동의하지 않겠지만)

 반대로 잭지트가 L에게 미친 영향도 이 못지 않다. (아마도 그렇다) 해외를 경험하는 것에 있어서 비관적이고 무가치하다고 까지 여기던 L은 잭지트 사장의 온갖 해외생활 경험담과 감언이설에 속는 셈 치고 학교에서 제공해주는 해외교환학생 프로그램으로 영국 및 유럽을 다녀온다. 후기는 대만족. L은 그 이후로 여행의 묘미를 깨닫고 이번 방학에도 해외 어딘가로 떠날 계획을 세운다.

L과 사장은 사유의 흐름도 일정부분 유사한 구석이 있어 추천하고 픈 책을 공유하거나 대화에 있어서 타인이였다면 부연설명이 필요한 부분도 어느 정도 생략하고 대화한다.

이런 L에게도 고민이 있는데 그것은 청년이면 누구나가 하는 미래에 대한 고민이 되겠다. 무엇을 하며 살 것인가. 어디에 살 것인가. 그리고 무엇을 먹을 것인가.

L과 사장의 또다른 유사점으로는 재능이 많다는 것이다. L은 음악적 재능이 뛰어나다. (본인은 부정한다) 학교 밴드부의 메인 보컬로도 활동했고 공개할 수는 없지만 음원사이트에서도 찾아본다면 L을 목격할 수도 있다. 이렇게 말하면 L과 사장의 일방적인 과대평가와 부풀림으로 여길수도 있지만 가게에 오는 대학교 내

다른 밴드부 멤버들이 대학 내의 가장 뛰어난 보컬을 뽑을 때 L을 뽑기를 주저하지 않는다. 이 정도면 제 3자도 인정하는 셈이다. (L과 사장은 12년의 세월을 건너뛰는 뱀띠들인데 대체로 이 띠가 그러하다)

각설하고 이렇듯 재능이 많다면 위와 같은 문제들이 고민일 게 있겠는가 싶겠지만 재능 많은 이들이라면 공감할 텐데(그렇지 않다면 미안합니다) 오히려 더 결정하기가 어렵다. 아무 부분에서도 뚜렷한 재능이 없다면 새로운 시도를 해보던가 공부를 마저 열심히 해볼 것이고 만약 재능이 유난히 뛰어나서 김연아 손흥민 같은 정상이 될 수 있다면 과감히 달려가보겠지만 그렇게 까지 확신하기는 어렵다.

이런 혼란스러운 상황에서 한국의 젊은 청년들이 선택할 수 있는 선택지란 꽤나 좁다. 누구든지 당사자의 준비기간과 달성되었을 때의 결과를 격려하고 축하해줄 수 있는 선택지를 고르는 것. 현재 L은 로스쿨을 준비 중이다.

법학과를 졸업한 사장의 입장에서는 나쁘지 않다고 생각한다. 일단 우리나라에서 유명 정치인이나 유명인들 중 법조인 출신이 많으며(거의 대부분이라고도 할 수 있지 않을까) 일종의 자격이기 때문에 미래 AI가 많은 노동시장을 앗아간다고 해도 생존할 가능성이 높은 직업이니까.

다만 사장은 여전히 L을 볼 때면 때려 치기를 종용한다. 다른 이유는 없다. 공무원 시험이나 고시공부, 로스쿨 준비와 공부를 해 본 사람은 모두가 공감할 텐데 이 준비에는 필연적으로 많은 시간과 집중 그리고 저마다의 생기를 상실한다. 비단 L뿐만이 아니다. 잭지트에는 학교 부설 고시원 학생들이 자주 오는데 모두에게 응원을 하면서도 삶에는 그 길만이 있지 않다는 길 둘러서 언급해준다. 스스로가 그 길을 막다른 길로 만들지 않도록, 주변에 그 길 만을 고집하다 벗어난 다음에야 오히려 잘 살고 행복해하는 이들이 많음을.

모두가 좋다고 권장하고 추천하는 그 길에서 잠깐 멈

추어서서 정말 이 길이 내가 가고 싶은 길인지 타인의 시선에 의해서 형성된 길은 아닌지, 스스로의 반짝임과 생기를 투자하면서까지 나아갈 가치가 있는 길인지 생각했으면 한다.

 그럼에도 불구하고 L의 끝에는 스스로 완성한 결말이 있을 것임을 안다. 왜냐하면 L은 끊임없이 방황하고 고민하는 인간임을 알기 때문이다. 괴테가 말하지 않았던가. 인간은 노력하는 한 방황한다고. 반대로 방황하며 고민하지 않고 우직하게 밀고나아가서 어떤 결과를 맞닥뜨렸을 때 그게 과연 한 인간의 결정이라고 할 수 있을까.

 미래에 승승장구하는 법조인이 된 L을 생각해본다. 승승장구하는 모습은 L에게 너무나 잘 어울리지만 L을 표현하기에는 어딘가 모자란 느낌이다. 잘나가는 사내 변호사였다가 임원 승진에 실패하고 문득 뉴욕의 공원을 걸으며 작가의 길로 들어선 수전 케인이 생각난다. (수전 케인의 첫 책 '콰이어트'는 뉴욕 타임즈 베스트

셀러에 4년간 머물렀다) L의 방향은 그녀와 같은 책이 될 수도 혹은 음악이 될 수도 있다. 다만 그 정도는 되어야 당당하고 자신만만한 L에게 좀 더 어울린다.

 언젠가 잭지트를 표현한 로고송이라며 건네 준 음악을 다시 재생해본다. 위에서 언급한 그런 순간이 온다면 이 로고송의 가치 역시도 무궁무진 해질지도.

부모님을 모시고 온다는 건

 평소보다 긴장된 상태로 메뉴를 준비할 때가 있다. 가장 완벽한 상태를 100이라고 했을 때 만드는 메뉴가 80점 이상만 되어도 손님들에게 내어주는 데에는 문제가 없다. 하지만 오늘 같은 순간은 유난히 더 사소한 동작 하나하나에 신경을 집중한다. 음식이 식지 않게 접시를 적당히 데워 놓으며 팬 안에 들어갈 요리 재료 하나하나의 굵기나 모양도 신경을 써서 다듬는다. 미세하게 조금 더 완벽하게. 기준에서 최소 90점은 돌파해야 만족스럽다.

 이윽고 조심스럽게 음식을 내어간다. 여럿이 둘러앉은 테이블 위로 음식을 세팅한 후 주방으로 돌아와서 겸허히 결과를 기다린다. 마치 요리 경연 프로그램에서 평가를 기다리듯이.

"어때? 엄마 완전 맛있지? "

 테이블 위로 저마다 만족스러운 미소를 짓는 모습을 몰래 훔쳐보며 속으로 안도한다.

 가게를 운영하며 가장 긴장되는 순간은 바로 이 순간. 나의 단골들이 본인의 가족이나 친한 친구를 데려와서 가게를 선 보여줄 때다.

 손님이 매장을 아끼고 좋아한다는 느낌을 받을 때가 언제일까? 메뉴를 먹으며 감탄할 때도 있고 요즈음은 SNS나 다른 플랫폼에 후기나 추천 글을 써 줄 때도 있다. 그렇지만 내가 가장 그 느낌을 강하게 받을 때는 가족 혹은 연인이나 친구와 함께 방문했을 때다. 진실로 맛있는 메뉴나 좋은 것을 경험하게 되는 순간에 본인이 좋아하는 누군가를 떠올리며 권해주고 싶은 마음을 다들 한번씩은 느껴보았을 것이다.

이 순간이 유난히 긴장되는 이유는 기존에는 나의 평판만이 문제였다면 이 경우에는 추천해 준 사람의 평판까지 같이 평가된다. (적어도 나는 그렇게 생각한다) 그만큼 만족스런 반응을 이끌었을 때 기쁨의 강도 역시도 기존보다 훨씬 강하게 다가온다.

 식사를 마치고 즐겁게 대화를 나누며 가게를 나서는 손님들에게 속으로 부끄러운 인사를 보내 본다.

'아끼는 누군가와의 시간을 잭지트에서 보내주어 너무나 감사합니다. 그런 멋진 순간을 경험할 수 있었던 건 오로지 고객님 덕분이에요. 언제든지 다시 오시길.'

냉장고를 부탁해

"맨날 음식을 버리게 되어서 걱정이에요"
"맞아맞아, 근데 또 조금 주문은 안 되고..."

 음식에 있어서 학교를 다니는 자취생들의 고민은 대부분 비슷하다. 매일 배달음식만 시켜먹을 수는 없어서 한번씩 재료들을 잔뜩 사기는 하는데 막상 만들기도 막막하고 맛있게 만드는 데에 성공하더라도 만드는 시간보다 뒷정리가 배로 드는 모순의 순간들. 그렇게 하나씩 쌓이는 재료들은 냉장고를 떠나지 못하고 한 구석을 차지한다.

"부모님이 또 이것저것 보내주셨는데 다 먹지도 못해서 걱정이에요. 그렇다고 주신 거 버릴수도 없고..."

"그럼 가게로 가져오는 건 어때? 내가 어떻게든 활용해서 무언가 만들어줄게"

'냉장고를 부탁해'라는 프로그램을 떠올려서 한번 제안해봤다. 유명한 쉐프들이 게스트의 냉장고를 통째로 가지고와서 냉장고 속에 들어있는 재료들로 제한 시간 내에 게스트가 원하는 음식을 만들어주는 프로였다.

냉장고를 통째로 가져오지도 않고 제한시간도 있지 않았으며 당사자의 의사는 아주 조금만 반영되기는 했지만 아무튼 얼렁뚱땅 그 프로그램에 쉐프가 되는 상황에 직면했다. 가지고 오는 재료들은 대부분 신선할 타이밍을 조금 놓친 약간의 시간이 지난다면 보내주어야 할 그런 재료들이었다. 호박, 부추, 파부터 시작해서 닭의 어느 부위, 혹은 돼지의 어느 부위 등등.

비오는 날이면 부추를 이용해서 동양적인 전을 만들기도 했고 가져온 이가 감기 기운이 있을 때는 서양식의 스프를 만들기도 했다. 그렇게 자취생들의 냉장고를 털다가 또 어느 날은 냉장고 속 굴러다니는 재료가 아닌 자기가 먹고 싶은 음식의 영상과 사진 그리고 재료들을 전부 사들고 온 친구도 있었다.

 냉장고 재고처리를 해보자는 취지에서 시작한 일이 일종의 재미있는 놀이로 거듭나는 순간이었다. 어떤 메뉴는 가지고 온 재료의 소진과 동시에 종료되기도 했지만 어떤 메뉴는 반응들이 너무 좋아서 메뉴화로 진행되기도 했다.

 일방적으로 주는 경험도 물론 즐겁지만 이렇게 서로 다른 곳에서는 겪지 못 할 경험들을 주고받는 것 역시 나에게는 큰 즐거움이다. 우리는 어디에서도 찾지 못할 재밌는 추억을 공유한 셈이니까.

"사장님 이 걸로도 만들어주세요"

 야... 이건 상한 음식이잖아..!

언젠가 돌아올 당신의 여행을 응원하며

"작년에는 12번 정도 여행을 다닌 것 같아요"

 잊을만하면 찾아주시는 손님이 어느 날 말했다. 나이는 이제 40대를 맞이한 정도의 손님인데 결혼도 하시고 아이도 둘이나 있으시지만 여전히 인생의 가장 큰 즐거움은 여행을 떠나는 거라고 한다.

"원래는 분기마다 와이프와 휴가를 맞추어서 해외를 다녔었는데 코로나 이후부터는 해외 나가기가 영 어려워서 국내의 모든 장소들을 두루두루 다녀보고 있죠"

 뭔가 대단하달까? 요즘 젊은 사람들이 결혼을 꺼리는 이유는 자신의 삶에 대한 상실감이 두려워서거나 육아를 할 자신이 없어서라고 하던데. 나 역시도 결혼이나 아이를 꺼리는 이유 중 가장 큰 부분은 이동의 자유로움을 잃는 데에 있다. 책임질 것이 생기는 삶이란 그런 것이 아닐까. 그런데 그건 중요한 문제가 아닌 극복할 수 있는 문제란 말인가.

 계속해서 대화를 나누다가 나의 이런 생각을 조심히 이야기하자 말했다.

"절대 아니에요. 사장님. 결혼하고 아이가 생기면 절대 이전처럼 살 수는 없어요. 원래의 자유가 10이라면 누릴 수 있는 최대한도의 자유는 2 정도일까요?"

 지금의 선택들의 후회는 없지만 다시 대학교나 좀 더 젊을 때로 돌아간다면 주위의 시선이나 관념들은 다 집어치우고 마음내키는 방향으로 원 없이 다니다가 지금의 가정을 다시 꾸리고 싶다고.
그 때 그 나이에 여러 환경 때문에 그러지 못한 게 지금까지 많은 아쉬움으로 남는다고 했다.

"작년에는 불편함을 무릎쓰고 와이프와 200일 된 아이를 업고 일본을 다녀왔는데... 그 때 느꼈어요. 다시 이전의 여행으로 돌아가기에는 힘들 거라는 걸요"

 아이가 조금 더 크면 아내 분과 나란히 좀 더 예전처럼 다니고 싶지만 그 때는 역시나 이전의 체력이 아닐 거라는 생각에 걱정도 많았다. 그 것 때문에 요즘은 아내 분과 일부러라도 시간내어 운동을 다닌다고 한다.

"그냥 큰 욕심 안 바라고 월에 한 400~500정도만 나오는 건물이 있으면 좋겠네요. 그러면 진짜 최소한의 일만하고 조금이라도 젊을 때 사용할 수 있는 모든 방법을 동원해서 돌아다닐텐데..."

 마음 속으로 응원하고 싶지만 전제가 쉽지않겠네요... 저도 그런 삶을 가끔 원한답니다만..?

"그리고 좀 더 노년이 되면 바다가 보이는 조용하고 한적한 곳에 최소한의 유지가 되는 카페를 운영하면서 남은 시간들을 보내는거에요"

 가게를 하면서 무수히 들어왔던 어느 소망을 다시 한 번 듣게 되었다. 어쩌면 현대를 살아가는 우리는 모두 비슷한 소망을 가지고 있는 것 같습니다.

우리는 그를 바보 외국인이라 부르기로 했다

"안녕하세요 . 저는 잭 지트 바보 외쿡인이에요"

 언제부터 였을까 키런이 스스로를 그렇게 소개하기 시작한 것이. 잭지트에 오는 단골 손님 중에 키런을 모르는 사람은 없다. 아예 안 본 사람은 있어도 한 번만 본 적은 없다는 잭지트의 외국인 단골 키런.

 시작은 근처에 사는 데에서 시작한다. 키런의 자취공간과 잭지트는 불과 30초 거리. 다년 간의 외국생활로 언어적인 부분에서 소통에 지장이 없었기 때문일까, 덕분인지 외국인 손님들도 꽤 오곤 했지만 키런은 특히 지리적 이점 때문인지 잭지트를 내 집처럼 드나들기 시작했다.

오하이오주에 사는 금발 미국인 키런은 십대 때부터 케이 팝에 빠지기 시작한다. 나아가 한국의 문화와 드라마에까지 빠진 어린 키런은 언젠가 한국에 살아 보리라 결심하게 되고 이윽고 한국의 어느 대학 한국어교육원으로 입학하게 된다.

 그렇게 시작된 한국생활은 잭지트를 만나면서 변화를 맞이한다. 학교에서 연결해 준 학생들은 본인을 외국인 연습대상 정도로 여기는 것에 비해서 잭지트 손님들은 키런을 그저 동네 바보 외국인으로 여겨서 일까. 허물없이 보드게임도 함께하고 음식도 나눠 먹으며 한국어 수업에서 어려움 부분은 사장을 비롯한 모든 단골들이 나서서 가르쳐 주며 관계를 이어간다.

 2022년 새해 즈음이었을까. 키런에게 잭지트 사장의 메시지 하나가 날아온다.

"키런 떡국 먹어 본 적 있어? "
"아니. 그게 뭐 야? "

"한국사람들은 새해를 맞이해서 떡국을 먹어. 추수감사절에 칠면조를 먹는 거랑 비슷한 느낌이지 않을까"
"진짜? 어디서 먹을 수 있는데?"
"가자 떡국 먹으러"

 사장의 안내로 키런은 생에 첫 떡국을 영접하게 된다. 가게 사장님도 외국인이 떡국을 먹으러 온 것이 신기했던 걸까 유난히 친절하게 대해 주셨는데 후에 키런에게 듣기에 그 때 그 가게의 따스한 분위기와 추운 겨울 속 따뜻한 국물음식은 오랫동안 잊혀지지 않았다고 한다.

 시간이 지나고 키런의 비자가 만료될 즈음이었을까. 잭지트에 깜짝 손님이 찾아왔다. 그건 바로 키런의 어머니. 키런과의 마지막 한국여행을 다니며 그 마무리를 잭지트에서 보내고 싶다고 한 것.

"니가 잭이구나. 너무 고마워. 늘 키런을 챙겨주고 보살펴주어서"

키런이 전화로 자주 내 이야기를 했다고. 한국에 그리고 마침 키런 근처에 잭지트같은 가게가 있어서 참 다행이었다고 말씀해 주셨다.

하지만 잭지트 역시 키런이 있었기에 가게와 손님들에게 조금 더 생기가 돌았다는 걸 알까. 가게와 손님의 관계는 단순히 누군가가 돈을 지불하고 그에 맞는 서비스를 제공하는 장소가 아니다. (적어도 잭지트는 조금 벗어나 있었다) 일상 속 서로가 있어서 다행이라고 생각하게 되는. 그런 장소가 진짜 가게가 아닐까.

 비자가 만료되고나서도 한국에 대한 애정과 그리움이 여전했던 키런은 현재는 한국의 다른 대학의 정규과정을 밟고 있다. 거리가 멀어져서 일까 전처럼 매일같이 보기는 힘들지만 그렇더라도 잭지트의 유일무이한 바보 외국인 키런임은 변함이 없다.

 키런의 고군분투 한국생활을 언제나 응원해본다.

수많은 약속이 모여 잭지트로 흘러갔다

"로젤 그 때 우리가 했던 이야기 기억나요?"

과거 20대 때 S사에서 일할 적 이야기다. 어리고 애송이던 잭은 커피도 미숙하고 서비스도 미숙한 갓 들어온 신입이었다. (과연 지금은 누가 상상이나 할 수 있을까) 가진 건 패기 뿐이던 신입이었던 지라 남들보다 유독 실수도 잦았고 누적되는 실수에 주눅든 나날들을 이어가던 때였다. 속으로 매일 나는 이 일이 맞지 않는 거 아닐까 라는 고민도 이어갔다. 그 때 같은 매장에서 일하며 아주 사소한 것부터 알려주고 교육을 맡아주던 매니저 파트너가 있었는데 S사 특성상 모두가 닉네임으로 불리는 환경에서 우리는 그 매니저를 로젤이라고 불렀다. (지금도 여전히 서로 닉네임으로 부른다)

차츰 나아지는 실력과 서비스에 자신감이 붙게 될 즈음에 로젤은 다른 매장으로 발령 나게 되고 아쉬움에 서로 인사 쪽지도 주고 받았다.

 지금으로 돌아와서 가게를 오픈하고 축하를 위해 찾아온 로젤을 보며 예전 로젤이 주었던 쪽지를 상기해 봤다.

"기억나요. 언젠가 이런 가게를 할 거라고 했잖아요. 카페도 되고 펍도 되는"
"맞아요 잊고 있었는데 얼마전에 쪽지를 살펴보니 우리가 그런 이야기를 나눴더라구요. 일부러 생각하지 않더라도 무의식 속에서 계속 그 말이 맴돌았나 보아요"
"정말 예전에 말하던 장소가 그대로 재현된 것 같네요"

 언젠가 혹은 어디선가 내가 뱉아 놓은 이야기들이 차곡차곡 쌓여서 오늘의 잭지트가 완성이 되었나 보다.
그렇게 생각한다면 앞으로는 어떻게 흘러가게 될 것인

가에 대한 답도 누군가와 한 대화에서 찾을 수 있었다.

 가게를 연 지 얼마 되지 않은 시점에 찾아왔던 손님 J. 학교 다니던 시절에 같은 건물을 썼었기 때문일까. 단골로 발전하는 데에는 큰 시간이 걸리지 않았다. 당시 로스쿨에 갓 입학했던 J.

"사장님 잭지트 언제까지 하실 거에요? "
"일단 계약이 3년이어서 3년 정도 하지 않을까"
"그 이후에는 그럼 뭐 하실 거에요? "
"아직 생각해보지 않았는데... 그래도 그 때가 되면 가게를 해 보는 꿈은 이룬 셈이니까 다른 꿈을 이뤄야지. 글쓰는 삶을 도전 해 볼 거야. 노트북 하나만 들고 이나라 저 나라 떠돌면서 글을 쓰고 떠도는 거지"
"저도 로스쿨 3년 하고 나면 졸업하고 여기 떠나니까 같이 이 바닥 뜨겠네요"

그렇게 3년이 지나고 우여곡절 끝에 마지막 1년의 기간을 연장해서 운영되고 있는 잭지트.

혹시 J도 1년 더 연장해서 큰 시험을 준비하는 건 잭지트가 1년 더 연장해서 그런 건 아닐까. (그런 거라면 조금 미안한데...)

 너무 먼 미래를 확신하기는 쉽지 않지만 생각해보면 분명한 원칙은 존재한다. 지금 하는 말, 생각, 행동, 습관이 쌓이고 모여서 미래의 순간을 가져온다는 것. 그렇기에 지금의 나는 조금의 망설임도 불안함도 없다. 그저 지금을 하나씩 쌓아갈 뿐이다.

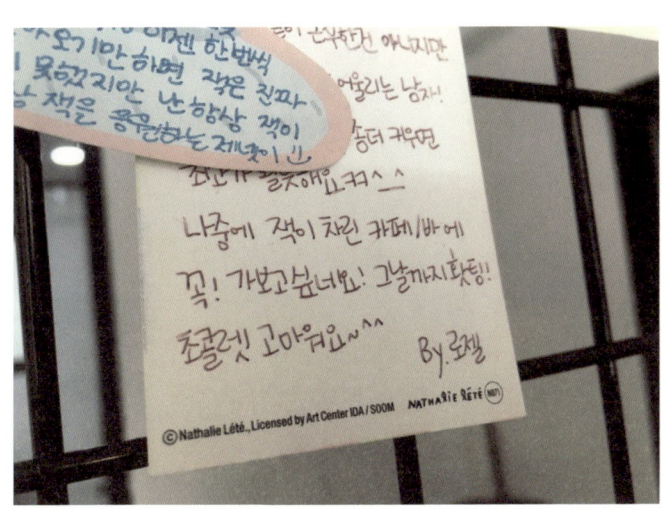

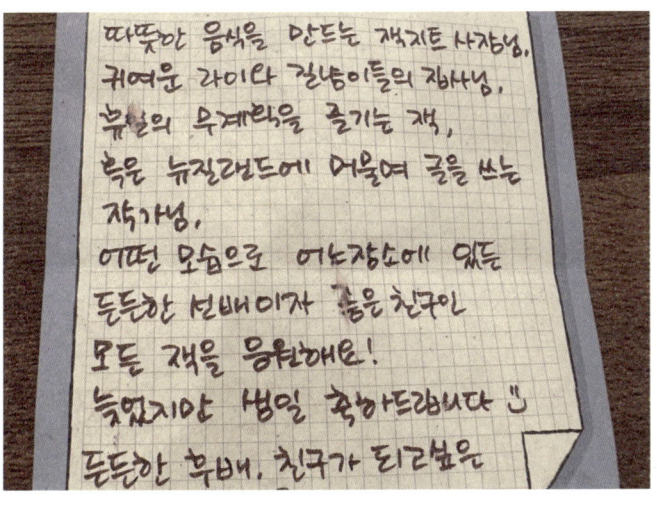

드립을 권해보는 마음

 무심하게 별 거 아닌 듯이 말하는 것이 포인트다. 타이밍 역시 중요하다. 가게가 정신없이 바쁜 와중에는 시도하기 어렵지만 지금같이 가게가 조용하고 테이블이 몇 없을 때가 절호의 기회.

"아메리카노말고 드립은 어때요? 마침 드립 원두가 넉넉히 있어서... 아메리카노 가격에 내려드릴 수 있겠네요"

 시선은 너무 빤히 쳐다보지 말고 언뜻 스치듯이 마주치며 컵을 닦던지 무엇을 하던지 크게 신경을 쓰지 않는, 이 일이 아주 사소한 일인 거 마냥 굴어서 부담을 주지 않아야 한다.

"아 진짜요? 드립은 따로 마셔본 적이 없는데"

 물론 손님의 행동과 이전까지의 패턴에서 이미 그런 조짐을 느꼈지만 마치 처음 느낀다는 듯한 태도로.

"저희 가게 아메리카노 보다 약간 더 화사하고 단맛이 있는 느낌이라서 새로운 거에 특별히 거부감이 없다면 한 번 시도 해 보는 것도 재미있을 거에요"
"그럼 부탁드릴 게요"

 이걸로 성공적인 영업 오케이.

 고객들이 매일 똑같은 아메리카노만 시키는 데에는 몇 가지 이유가 있다.

 첫째로 단순히 카페인만을 필요로 하는 경우. 이 경우에는 사실 어떤 종류의 커피든 카페인만 들어 있다면 오케이이다. 저가 커피에서 나는 나쁜 쓴맛이든 좋은 원두에서 나는 고급 진 쓴맛이든 같은 취급이고 특별하게 구분 짓지 않는다. 이왕이면 쾌적한 공간에 저렴하면 오케이인 경우.

 둘째로 원두의 강한 개성을 싫어하는 경우. 커피머신으로 엑기스만을 추출하는 아메리카노에 비해서 드립은 원두가 가진 고유한 개성을 끌어내는 데에 포커스를 맞추기 때문에 보다 개성이 강하게 되고 개성이 강하다는 건 보통 우리가 쉽게 표현하는 시다, 산미가 강하다 등으로 발현된다. 이와 같은 경우에는 본인의 취향을 스스로 잘 알고 있기 때문에 역시 오케이.

 내가 주로 초점을 맞추는 경우는 세번째. 아직 다양한 경험이 부족하거나 계기가 부족해서 새로움에 대해 접해보지 못한 사람들. 카페를 가게 되면 가장 저렴하면서 딱히 거부감도 없는 메뉴가 바로 아메리카노. 이런 친구들은 굳이 새로운 것도 나쁘지는 않지만 반대로 생각하면 굳이 계기가 없다면 더 비싸고 잘 모르겠는 부분을 접할 필요가 없다고 느낀다. 이럴 때 계기를 만들어 주는 게 프로 서비스맨의 자세라고 할까. 그 계기

이후로 고객은 커피를 즐기는 매니아가 될 수도 있고 그저 다시 무난한 아메리카노를 즐기는 사람으로 남을 수도 있다. 그 결과를 떠나서 서비스맨의 지향점은 그 계기를 고객에게 제공해 주는 데에 있다.

 다만 아직 아마추어 서비스맨들은 그런 의욕이 넘쳐서 오히려 손님을 부담스럽게 만든다. 내려주었을 때도 맛있다고 꼭 말해줘야 할 것 같은 부담감... 그와 같은 의욕을 싫어하는 건 아니지만 결국에 고객에게 어떤 경험으로 남을 것인지를 생각한다면 최대한 부담을 느끼지 않도록 억양, 말투, 행동 등을 섬세하게 컨트롤해야 한다.

 가게 사장의 계산적인 입장에서 이와 같은 행동은 살짝 이율배반적이다. 일반적으로 드립커피의 가격은 아메리카노 가격의 1.5배에서 2배 정도로 측정되는 경우가 대부분. 굳이 단시간에 추출이 끝나고 아메리카노보다 설거지 거리도 늘어나고 단가도 좀 더 높으며 추출하는 시간도 마찬가지인 드립을 주는 건 모순이다.

하지만 가게를 시작할 때 먹었던 마음이 어떤 것인지를 생각한다면 이 또한 비모순이다.

 잭지트를 운영하면서 가졌던 목표는 단순히 '돈을 많이 벌자'가 아닌 고객에게 '새로운 경험을 제공하자' 혹은 '뜻밖의 즐거움을 주자'였기 때문이다. 다행스럽게도 지금까지 그 기조는 잘 이어오고 있고 종종 고백하듯이 듣는 잭지트가 있어서 평소에는 생각도 못했던 경험들이 계속 늘어난다는 말이 그 어떤 매출이 높았던 날보다 나에게 더 기분 좋은 울림으로 남는다.

"우와, 커피에서 이런 맛 나는 건 처음 느껴봐요"
"대체로 그 지역의 원두들이 그런 맛이 나는 경우가 많아요. 혹시 나중에 드립을 먹어야 하는 순간이 있다면 그 지명이나 대륙을 기억하고 있으면 크게 후회하지 않을 거에요"

 바리스타로서 수많은 TMI가 목 언저리까지 올라왔다 다시 내려가는 걸 느끼지만 최대한 심플하고 문득 떠오를 수 있게 작은 코멘트만 추가한다. 이후로 고객님이 커피매니아가 될 지 아니면 다시 이전의 취향을 고수할지는 알 수 없지만 다만 오늘 일이 소소하고 뜻밖의 즐거움이 되었기를 바라본다.

당신을 기다리는 마음

 9:30 즈음. 오늘도 어김없이 방문하는 손님이 있다. 깔끔한 셔츠와 스커트를 입은 채 매번 서둘러 오는지 살짝 가쁜 숨을 추스르며 들어 온다.

"사장님 혹시 주문 가능해요? "
"당연히 가능하죠. 어떤 걸로 해줄까요"

 늘 같은 시간이나 혹은 조금 더 늦게 들어와서인지 미안한 마음에 괜스레 물어보곤 한다. 가끔 장난으로라도 안된다고 말하고 싶지만 대답을 들을 때 이내 밝아지는 손님의 표정을 보고 있으면 그런 장난스런 마음은 저 멀리 날아가 버린다. 손님에게 해주고 싶은 말은 언제나 가능하다는 말.

아무리 피곤하더라도 문을 열어두고 싶은 손님이 있다. 고된 하루 끝에서 갈 곳을 더 찾지 못하고 헤매다가 마침내 잭지트를 찾아 들어오는 손님.

 요즘은 24시간 키오스크를 통해 무인으로 운영하는 가게들도 많다. 하지만 사람들이 하는 착각 중에 하나는 어르신들만이 키오스크를 어려워한다는 것이다. 여러 매장을 경험하면서 젊은 사람들도 꽤나 키오스크 그리고 전자기기에 어려움을 느끼는 모습을 종종 목격한다. 이 것은 학습의 문제라기 보다는 심리적 거리감에 원인이 있다고 생각한다.

 그런 손님들은 선택지가 무척이나 제한되게 되는데 더구나 직장이 일반 가게의 영업시간과 어긋나게 되는 경우에는 특히나 이용이 어렵다. 그런 손님들에게 늦게까지 문을 열고 있는 가게는 사막의 오아시스와 같은 느낌일 것이다.

 어느 날은 그 손님에게 작은 선물과 쪽지를 받은 적이

있다.

- 사소한 거지만 언제나 어떤 주문이라도 당연하다고, 가능하다고 말해 주셔서 감사합니다. 어두운 밤에 잭지트 조명을 볼 때마다 따뜻한 기분이 들어요. 늘 감사합니다 -

잭지트는 음식메뉴가 주로 나가서 점심 때나 저녁 때 손님이 몰린다. 그 외의 시간은 비교적 조용한 편인데 아무리 몸이 피곤하더라도 영업시간을 줄일 수 없는 이유는 이런 손님들 덕분이다.

손님들은 알까. 늦은 시간 잭지트를 방문하면서 사장님께 미안해 하지만 정작 그런 위로를 전해 줄 수 있는 기회를 얻게 되어서 행복한 건 나라는 사실을 말이다.

해외생활을 권하는 마음

"간호사라니 너무 부럽잖아. 간호사는 해외에서 구직하기 완전 쉽다구. 나도 다시 돌아가면 의료 쪽으로 진학하고 싶더라"
"진짜 사장님 말 듣다 보면 저희 벌써 호주 한복판에서 일하고 있어요 정말"

 대학생은 아직 어른이라고 하기 조금 이른 나이대가 아닐까. 학생과 사회인의 경계에서 아직 앳되어 보이기만 한 간호대를 다니고 있는 단골 S와 J. 언제나 그렇듯이 우리의 대화는 졸업 후에 외국에서 만나는 것으로 마무리된다.

 학교를 졸업해 봤자 아직 20대 초반 혹은 중반. 한창

꿈도 많고 고민도 많은 나이라서 그럴까 우리는 늘 여러가지 주제로 대화를 나눈다. 어떤 때는 학업에 대해서 어떤 때는 연애에 관해서 등등. 사실 나이 차가 이만큼 나면 아직 나에게 그런 이야기를 허심탄회하게 해주는 것만으로도 감지덕지하게 느껴진다.

 이야기를 이어가다 보면 사장의 추천은 언제나 해외생활을 경험해보는 것으로 귀결된다. 비단 이 친구들뿐만이 아니다. 단골로 오는 학생들에게 어김없이 추천하는 해외생활의 방법과 기회들.

 어느 소설의 제목처럼 '한국이 싫어서' 라는 단순한 이유에서 가 아니다. 해외생활을 하다 보면 오히려 한국의 장점들이 눈에 선명히 들어오기도 한다. 특히 이 시기에 해외생활을 적극 권유하는 것은 다양한 문화에 부딪혀서 자신의 세계관을 구축하는 경험을 갖는 것과 지금이 아니면 쉽게 나가서 돌아다녀 볼 기회를 갖기가 어렵기 때문이다.

외국 특히 다양한 여행자나 이민자가 교차하는 나라의 경우 음식과 문화 뿐만 아니라 사소한 생활방식이나 생각도 제각각 이다. 한국에서만 생활하다 보면 가질 수 밖에 없던 편견이나 가치관이 자주 무너지고 새로 형성된다. 그런 순간들이 여러 차례 지나가다 보면 어느 나이 대의, 어느 나라 사람으로서의 시각보다는 나 개인이 어떤 시각을 가지고 세상을 살아갈 지 스스로 생각하게 되고 정립된다.

 가치관이라는 게 한번 정해지면 인생의 궤도를 바꿀 만큼 큰 변화를 만드는 것이라 지금은 비록 작은 차이라 하더라도 우주발사선의 미세한 각도가 거대한 경로 차이를 만들 듯이 몇 년 후 전혀 다른 방향으로 나아갈 수 있게 된다.

 특히 학생 때 추천하는 이유는 워킹홀리데이 라던가 교환학생 이라던가 관련기관의 연수 대상이 거의 20대에 고정되어 있기 때문이다. 학교를 졸업하고 취업을 해버리면 장기간 해외체류는 더욱 어려워진다. 이후에 해외생활은 경력단절을 감안해야 하는 큰일이 되는 데에 반해서 그 시기의 경험은 추후 가지고 싶던 직업의 단절도 일어나지 않고 평생 두고두고 추억할 경험으로 남는다. (혹은 미처 깨닫지 못 했던 자신이 하고 싶은 일을 찾기도 한다)

 가게를 벗삼아 오는 친구들이 모두 타의에 휩쓸려서 주어진 방향대로 나아가기 보다는 주체적인 시야를 가지고 미래를 살아갔으면 하는 마음에 늘 권유한다.

"나중에 저희 해외에서 생활하고 있으면 놀러 오시는 거죠? "
"당연하지. 외국에서 만나면 완전 좋겠다. 내가 자주 다니던 가게들도 다 추천해주고 데려다 줄게"
"벌써 기대됩니다. 당장이 될지 몇 년 후가 될지 모르지만 꼭 나갑니다"

나도 벌써부터 그날이 기다려진다.

어떤 위로에 대하여

누군가를 위로하는 방식에는 다양한 방법이 있다. 아니 누군가가 위로 받는 방식에는 다양한 방식이 있다고 하는게 맞겠다. 여기 가게를 운영하면서 누군가에게 위로를 건넸던 가장 독특한 기억을 소개하고 싶다.

 사장은 학생들과 이야기 나누면서 여러 고민이나 삶에 대해서 이야기하게 되는 걸 좋아한다.(하지만 꼰대가 되고 싶지는 않아 항상 경계한다) 그리고 가급적이면 선을 넘지 않는 범위에서 도움을 줄 수 있는 말을 생각해보거나 얌전히 들어준다. 앞에서 언급한 것처럼 해외생활경험도 자주 권장하는 편이다.

 어느 날이었다. 한 편지를 받았고 만감이 교차하는 기

분을 느꼈다. 타인에게 이런 식으로 영향을 주게 될 수도 있다는 것 그리고 다행히 이번 기회에는 위로가 되었다는 것.

- 사장님 가게에 종종 오는 고객이에요.
이번에 취업 때문에 멀리 가게 되었는데 꼭 한번 전해드리고 싶어서 편지 남깁니다. 늘 잭지트는 저에게 아지트 같은 존재였어요. 그리고 조용히 구석에서 할 일을 하고 있었지만 사장님이 다른 손님들에게 해주시는 이야기나 워킹 홀리데이 같은 해외 경험 이야기를 해주실 때면 그 손님들처럼 저도 위로 받기도 하고 가슴이 뛰기도 했답니다. 잭지트 올 때마다 개인적으로 힘든 순간들이 많았는데 늘 뜻 밖의 위로를 받고 돌아갔어요. 민망하기도 하고 시간도 적당하지 않아서 이렇게 나마 남겨봅니다. 언제나 잭지트를 응원하고 있을게요. 감사했습니다. -

문득 떠오르는 어떤 얼굴이 있었다. 늘 조용한 모습으로 본인의 일에 집중하시는 고객님 이었는데 우리가 주고 받았던 말들은 그렇게 많지 않았다. 가게에는 별도로 이야기를 나누고 싶으면 앉을 수 있는 바의자도 있고 나와 이야기를 나누고 싶은 손님이 아니면 가급적 편안한 분위기를 느끼게 해드리고 싶은 마음에 무분별하게 말을 걸지 않기 때문이다.

 아쉬움을 느꼈다. 좀 더 먼저 말을 걸어보았어야 했나. 그렇게 생각하다 가도 오히려 그랬으면 오히려 부담을 느꼈을지도 모른다고 생각했다. 생각이 길어지다 어렵게 생각하지 않기로 했다. 고객님이 가게를 들어올 때보다 나갈 때 조금 더 기분이 나아졌다면, 마음이 좋아졌다면 그걸로 된 거라고.

 다행스럽게도 그 고객님과는 개인 블로그로 연락이 이어져서 꾸준히 소식을 주고받을 수 있었다. 이후에 가게를 한 번 찾아올 기회도 있어서 편안하게 많은 이야기도 나눌 수 있었다.

 가게 혹은 직장 그리고 공공의 장소 어디든 나와 마주

하는 누군가를 제외하고도 주위의 사람에게 언제든 영향을 끼칠 수 있는 게 세상 일인 것 같다. 그 사람들에게 어떤 영향을 주고 싶은 지, 나의 말이 어떤 영향을 줄 지 심사숙고 하는 계기가 되었다.

 요즘도 누군가와 대화를 나눌 때 다른 테이블의 손님이 혹시 어떤 기분을 느낄 지에 대해서 자주 생각한다. 이왕이면 위로를 주는 게 좋겠지.

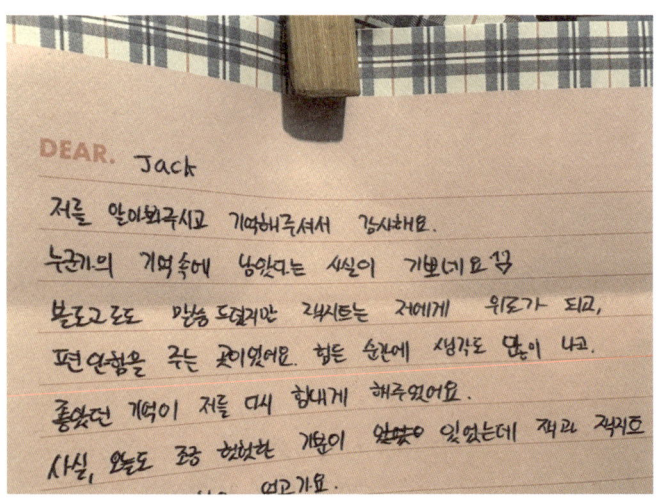

글씨가 전부는 아니잖아요

"이만하면 잘 쓴 것 같은데..."

왜 깊은 한숨 소리가 들리는 걸까.

"아, 사장님, 아, 사장님"

 자고로 글이라는 것은 일종의 기호체계이자 의사소통의 수단이다. 그렇다면 그 초유의 목적을 달성했을 때 그 기능을 다 한 것이 아닐까. 그런데 이 한숨들은 뭐란 말인가. 그래도 봐 줄 만 한데...

 가게 단골들 중 유난히 나의 디자인 감각에 아쉬움을 토로하는 자매가 있다. 오늘도 역시나 칠판에 멋들어지게 써 놓은 나의 글씨를 가지고 깊은 한숨을 쉰다.

"사장님 지울 게요"

 아니아니 이게 말이 돼? 내가 사장인데..! 하지만 그녀들의 물수건은 자비를 모르는지 내가 정성 들여서 쓴 글씨들을 말끔히 지워버린다.

 하늘이 무너진 표정을 어떻게 짓더라. 잠시 고민하다가 이내 포기한다. 그녀들은 이 모든 상황이 익숙한 지 (기억하는 것만 다섯번은 넘는 것 같다) 처음에 조심스레 지우고 작성하던 모습에서 거침없이 지우고 말끔하게 다시 작성하기 시작했다. 처음에는 이러지 않았는데... 내가 호랑이 새끼를 키웠구나.

 이윽고 완성되어진 아름다운 글씨체의 메뉴판. 반박하고 싶지만 차마 양심에 찔려서 그럴 수가 없다. 그래 아무리 생각해도 저게 조금(아주 조금!) 더 나아 보인다는 걸 인정한다.

득의 만만한 표정을 짓는 그녀들.

 디자인을 전공하고 가게의 소소한 디테일을 잡아주던 그녀들은 어느 날 멀리 이사를 갔다. 아무도 뭐라 하는 사람이 없어지자 나는 마음 놓고 사장체로 가게 이곳저곳을 휘갈기며 자유를 만끽했지만 이내 다른 단골 손님들의 만류와 암묵적인 대표자 선출로 다시 권리를 빼앗겼다. 자매들의 바통을 이어받은 것이다. 이것도 가게에 대한 애정이겠지. 근데 왜 이리 유감스러운지. 글씨가 가게의 전부는 아니잖아요?

MENU BOARD

BRUNCH
- SCRAMBLED EGG ON TOAST - 6.0
- EGGS BENEDICT - 12.0
- Chef's choice

PUB
- SWEET POTATO CHIPS - 6.0
- PIZZA (Combi) - 12.0
- Chef's choice

BAKE
- SCONE
- MUFFIN
- BROWNIE } - 3.0
- QUICHE
- Chef's choice

DRINK
- MOKA POT
- COLD BREW } - 5.0
- TEA (Black/Green/Herb)
- CHOCO MILK - 3.0
- BEER
- COKE } - 3.0
- SPRITE

✻ MENU BOARD ✻

▸ Scrambled Egg on Toast — 6.0
 (파프리카를 곁들인 스크램블에그와 토스트)

▸ Egg Benedict — 12.0
 (토스트, 시금치, 베이컨, 수란, 홀렌다이즈소스)

▸ Mixed Chip — 6.0
 (즉석으로 자른 고구마와 감자튀김)

▸ Combi Pizza — 12.0
 (수제반죽과 소스, 제철 재료를 이용한 피자)

▸ Chef Choice — 15.0
 (쉐프의 색을 담은 시그니처 메뉴)

인생의 걸음을 함께 내딛어 간다는 것

"사장님 꼭 전해 드리고 싶었어요"

 캘리그래피 글씨로 예쁘게 만들어진 청첩장. 내 결혼식도 아니지만 괜스레 마음이 두근거린다.

 처음 가게에 올 때 까지만 해도 아직 서먹서먹하던 남자와 여자는 어느새 인생의 긴 걸음을 함께 하기로 마음먹었는지 이런 저런 준비를 거듭하더니 마침내 나에게 청첩장을 전달해 주기에 이르렀다.

 한 번씩 나눈 잡담과 블로그를 통한 소통으로 어떤 고민을 했는지 알고 조용히 응원하고 있던 나로서는 일부분이나마 오만가지 감정을 공유하게 됐다.

관계의 시작을 공유한 셈이다.

 나는 이 부분이 단골 가게의 가장 큰 장점이라고 생각한다. 위에서와 같이 처음 시작을 함께 공유하는 경우도 있고 누군가는 학업이나 회사 생활 등 인생의 어느 시기를 가게와 함께 공유하게 된다. 인생을 시작과 끝으로 정해 놓은 긴 선이라고 바라볼 때 작은 점이 아닌 어떤 선으로 남는 특권.

 가게를 운영하면서 여러 에피소드들을 만들어가고 추억을 공유하면서 문득 생각한다. 5년, 10년이 지나고 어느 날 더 이상 잭지트가 없어지고 당신들이 과거를 떠올릴 때 과연 잭지트를 떠올릴 수 있을까. 어떤 모습으로 기억에 남을까. 학창시절이나 연인시절의 하나의 조각으로 떠올릴 수 있을까.

 유럽이나 일본의 어느 가게들처럼 그 시간이 지난 후에도 같은 자리에 추억을 공유한 채로 남을 수 있다면 좋겠지만 여러가지 주변환경들은 그런 상황이 다가오기 어렵게 만든다. 그렇더라도 사람들이 너무 상실감을 느끼지 않기를. 그리고 잭지트를 추억하면서 작은 위안과 미소를 머금을 수 있기를 늘 바란다.

"사장님 결혼하고도 또 에그베네딕트 먹으러 올게요"
"언제든지 와요. 항상 준비하고 있을게요"

언제 어디서든 당신들의 걸음을 응원합니다.

> To. 잭지트 사장님
> 잭지트에 방문할 때 마다
> 반겨주시고 챙겨주셔서
> 정말 감사드려요!
> 결혼 후에도
> 에그베네딕트
> 먹으러 자주 올게요!
> 2022. 9. 24
> From. 단골 유스티나 부부

사장이 없어도 괜찮은 가게

"오랜만이에요"
"그러게요. 보름만 이던가"

 가게에서 이루어지는 대화라면 손님과 사장의 대화라고 생각하겠지만 아니다. 사장은 열심히 일하고 있다. 디저트를 굽고 음식을 만들고 음료를 완성한다. 쏟아지는 주문에 쫓겨서 누구 하나 응대할 겨를이 없다. 늘 오던 손님들은 그 모습을 남의 일 마냥(남의 일이 맞다) 구경하거나 바로 옆의 사람들과 마치 같은 그림의 풍경인 것처럼 인사를 나누고 대화를 이어간다.

"어서오세요. 저기 자리에 앉으세요"
"아 지금은 자리가 가득 찼는데... 저희가 조금 비켜드

릴까요? 여기서 기다리세요"

 이 것 역시 단골들의 응대. 이미 잭지트에 익숙해질 대로 익숙해진 모습들이다. 처음 오는 손님들이 올 때면 안 쪽 구석에 사장의 휴식공간 겸 창고로 알아서 들어간다. (개인적인 물품들이 많아서 단골이 아니면 들여보내기 어렵다)

 과거에 배달을 시작할 즈음이었던가 종종 단골들에게 가게를 맡겨두고 직접 배달을 다녀오기도 했다. 틈틈히 가르쳐 둔 바리스타 기술을 사용하는 친구도 가벼운 응대에 참여하는 친구도 가지각색.

 잭지트로 모이는 단골들은 서로의 결을 공유해서 일까. 쉽게 친해지고 자기들끼리 알아서 보드게임이나 책 등을 공유하면서 시간을 보낸다.

 이윽고 사장이 모든 할 일을 마치면 조심스레 타이밍을 살피다가 자연스럽게 대화에 합류하고. 이게 잭지트의 일상이다. 말 그대로 아지트.

"근데 가게에 와서 사장님 정신없이 바쁘게 일하는 거 구경하는 게 제일 꿀 잼인 것 같아요 맨날 바빴으면 좋겠다"

 후우 표정관리 하자. 째려보지 말자.

공무원이 되어버린 천재를 아시오

어느 날의 오후였다.
 지면을 때리는 더위가 기승을 부릴 즈음에 독특한 손님이 가게 안으로 들어왔다. 허연 얼굴에 새까맣고 긴 복장. 일본 어디 신주쿠 거리에서나 볼 듯한 인상적인 패션의 손님이 들어왔다. 약간의 긴장이 척추 끝에서부터 차 올랐다.

"영업하시나요"

예의 바른 어투와 목소리. 이상한 사람은 아닌가.

커피를 둘러보던 손님은 잭지트의 시그니처인 모카포트를 주문했다. 제법 커피를 즐길 줄 아는 친구일지도.

그렇게 앉아서 몇 시간을 아이패드로 그림을 그리던 친구는 한시간 뒤 타고 온 자전거를 타고 다시 퇴장.

길고 치렁치렁한 옷이 자전거에 걸려서 자빠지지는 않을까 걱정되기는 했지만 신기한 손님이네 라고 생각하고 이내 잊어버렸다. 하지만 일회성 이벤트가 아니었는지 반복해서 방문하는 손님.

이 친구의 이름은 J
독특한 패션감각과는 다르게 예의 바르고 생각이 깊다.(하지만 이 생각 깊음은 사람들로 하여금 답답함을 유발한다) J는 그렇게 잭지트의 특별한 단골이 되었다. J 역시도 시간이 지나면서 본인이 가장 아끼는 친구와 누나(누나는 훗날 잭지트 사장의 캘리그라피 선생님이 됩니다)를 데려오면서 아지트를 구축하기 시작했다.

어느 날은 나에게 아이패드에 그동안 그렸던 그림들을 보여주었는데 거기에는 잭지트의 간판도 있고 시그니처인 모카포트도 있고 수많은 잭지트의 흔적들이 묻

어났다. 심지어 친해지게 된 단골들의 이모티콘 까지.

 방문횟수도 그렇고 인상도 멀끔하게 생겼기에(이런 말 하면 거만해지기 때문에 앞에서는 들려주지 않는다) 이내 사장을 제외한 가장 많은 잭지트 단골들을 보유한 친구로 거듭난다. 그 모든 사람들의 모습을 이모티콘처럼 그리던 친구는 단골들 사이에서 잭지트 그림 천재로 소문나게 되는데... 사람들은 무료로 혹은 약간의 대금을 지급하고(자발적으로) 그림을 의뢰하고 받아 가기도 했다.

"난 니가 이 쪽으로 나갔으면 좋겠다"
"이건 뭐. 아무것도 아니에요. 그냥 취미"

 J는 어렸을 적 잠깐 미술 쪽으로 진로를 생각해 봤지만 거기에 요구되는 수많은 금전적 문제로 이내 단념했다. 공대를 다니다가 심리학에 관심이 생겨서 전과도 하고 수많은 우여곡절과 고민을 거친 J현재 공무원을 준비한다.

필수적으로(안 들은 사람은 있어도 한 번만 들은 사람은 없다는) 잭지트 단골 학생들에게 권유하는 해외생활을 이 친구에게는 그다지 권유하지 않는다.(아예 안 하지는 않는다)

 학생들에게 주로 그런 생활을 권유하는 이유는 초중고를 사회가 요구하거나 가리키는 방향으로 걸어왔기에 본인 스스로 생각하고 판단해서 미래를 선택하는 힘을 기를 기회가 필요하기 때문이다. 해외 생활에 던져진다는 것은 이런 능력을 찾아가는 방법이다. 하지만 한국에 있더라도 스스로 주변 시선을 의식하지 않고 자기의 보폭으로 걸어 나갈 수 있다면 한국이든 해외든 다를 건 없다. J는 그런 친구다.

"공무원이 되어서 그냥 세상에 있는 듯 없는 듯 살고 싶네요. 퇴근해서 집에서 하고싶은 거 하고 취미 즐기면서 흘러가듯이 사는 거죠"

 나도 혹은 다른 누군가도 개인의 행복을 정의할 수는

없다. 다만 타인의 기준으로 자신의 행복을 정의한다면 금방 불행해지겠지만 어떤 식으로든 스스로의 기준으로 행복을 정의한다면 그 개인은 행복해진다.

 나는 J가 스스로 가장 행복해 질 선택을 한 거라고 믿는다. 그리고 혹시 아는가. 언젠가 J의 그 취미의 순간이 스스로에게 훗날 다른 길을 열어줄지도.

잭지트에는 요정이 산다

"아니 나는 이걸 지금까지 우려먹을 줄 몰랐다고요"

 잭지트 단골을 이야기할 때면 빼놓고 이야기할 수 없는 친구가 있다. 흔히들 잭지트 요정으로 기억하는 H.

 이 사건의 시작은 어느 저녁이었다. 어김없이 잭지트 바테이블에 앉아서 시간을 죽치고 있던(그렇게 밖에 표현할 수 없다. H는 할 일이 많았고 늘 30분만 있다가 나간다고 한 뒤에 3시간을 있다 가곤 했다) H는 앞서 언급한 J와 이야기를 하고 있었다.

"아니 어떻게 이도(이과도서관)에서 나를 못 볼 수가 있죠. 자게(자유게시판) 보면 나온다니까요. 이도에서 나름 여신까지는 아니더라도 요정 정도는 되는데..."
"..? "

 왜 이 무안함과 정적을 우리가 공유해야 하는 걸까.
H가 운이 나빴던 건 마침 그 때 잭지트에 머물렀던 단골들이 많았던 것과 모두가 저마다 한 짖궂음 하는 친구들이었다는 것.
이후로 H는 잭지트 단골들 사이에서 요정으로 통했다.

"아이고 요정님 오셨습니까"
"요정님 여기 앉으시죠"

 하루 이틀이면 없어질 줄 알았던 이 타이틀은 시간이 지나도 끊어지지 않았고 이내 모든 걸 포기한 듯한 그리고 스스로의 입을 원망하는 H만이 남을 뿐이었다.

 어느 날 J가 선물해준 H의 이모티콘에도 멋진 그림과 함께 정체성을 상징하는 문구가 새겨졌다.

"이도요정님께 드립니다"

 가게에 손님이 없을 때부터 꾸준히 찾아와주던 H. 의지와 자신감이 점점 낮아져가던 시기의 나에게는 단비 같은 존재였다. 이런 손님들로 꾸준히 가게를 채워나가다보면 언젠가 내가 원하던 가게가 되어 있겠지. 라는 생각으로 당시를 버텼던 나로서는 언제나 H를 생각하면 그립고 고마운 마음이다.

하고 싶은 것과 좋아하는 것을 하는 삶

 눈 앞에서 반짝이는 재능을 자주 목격한다. 어쩌면 세상에는 사람의 수만큼 반짝이는 것들이 있다고 생각할 정도로. 하지만 그 시선들만큼 흐릿해져버리는 순간들 역시도 함께 목격하게 된다.

 D 역시도 내가 목격한 반짝임 중에 하나였다. 사진을 말도 안되게 잘 찍는 (나만이 아니라 다른 손님들의 공통적인 견해다) 이 친구는 학과도 취업이 거의 보장되다시피 하는 공대계열이었다. 쉽게 갈 수 있는 길 앞에서 D는 고민에 직면했다.

'이게 내가 하고 싶은 일인가'
'내가 이 걸 하면 좋아할 수 있을까'

고민을 거듭하던 D는 졸업 후 바로 취직하기 전 본인에게 잠시 기회를 주기로 한다. 스스로의 브랜드를 기획하고 만드는 , 나아가서는 누군가를 도와줄 수 있는 형태의 업을 시도해보기로.

 일 년 정도의 시간동안 목공일도 배우고 이미 뛰어난 사진 기술도 좀 더 가다듬고 다양한 책을 접하면서 구체적인 방법들도 구상해갔다.
 블로그에 본인의 발전 과정을 공유하는 모습을 매일 지켜보면서 분명하게 느낄 수 있었다. 명확하게 한걸음씩 전진해나가고 있음을.

 그러던 어느 순간일까. 언젠가부터 D의 게시물이 올라오지 않기 시작했다. 무슨 일이 있는걸까. 생각을 이어가다 고심 끝에 D에게 연락을 하고 찾아갔다.

 오랜만에 본 D는 학교 근처를 오갈 때보다 조금 자신감을 잃은 듯한 표정이었다.

"기회가 여럿 있었어요. 몇 번 시도도 해봤고. 사기 비슷하게 일만 한 적도 있어요. 그런 것도 괜찮았어요. 근데 뭐랄까. 이 길이 맞는지 확신이 안 서니까 점점 더 지쳐가더라구요. 점점 좋아하는 일이 좋아지지 않게 되고..."

 무슨 말을 더 해줄 수 있을까. 언젠가 다 잘 될거라는 낙관적이 말만을 쏟아내고 싶지는 않았다. 그 것만큼 무책임한 말이 있을까 싶기도 했다.

"같이 졸업한 친구들이 회사에 들어가서 높은 임금을 받고 승진을 하는 모습을 마냥 축하해주기가 힘들어지더라구요. 비교하면 안된다고 생각은 들지만 비교도 되고. 부모님도 아무 말씀 안 하시지만 실망시켜드리는 것 같고..."

"나는 지금 여기서 다시 돌아가도 된다고 생각해. 만약에 시도해보지도 않았으면 분명 아쉬움이 남았을걸? 여기까지 해 본 것만으로도 충분해. 이 경험이 결국 니

안에 남아있으니까 회사를 들어가든 혹은 언젠가 다시 나와서 다시 시도하든 충분히 활용할 수 있을거야. 어떤 길이든 너의 선택을 응원해. 너는 결코 이 시간들을 낭비한 게 아니라는 것만 명심해"

 나의 말들이 조금 위로가 되었을까. 처음 보았을 때보다 D의 표정이 밝아진 것 같다. D는 한동안 취직을 준비해서 남들과 같은 트랙에 서 보기로 했다.

 가치있는 경험과 가치없는 경험을 어떻게 구분할 수 있을까. 객관적인 기준이 있기 보다는 저마다의 기준만이 있을 뿐이다. 나만 해도 커피와 칵테일을 오래하고 요리와 베이킹은 비교적 적은 경력이지만 앞 선 경험들 덕분인지 다른 일들을 배울 때도 유사 경험을 기반으로 남들보다 빠르게 배울 수 있었다.

 우직하게 한 길만 걸어서 성공하는 이들을 보면 분명 멋지다. 세상 역시도 그런 이들에게 박수갈채를 보낸다. 타인의 시선으로만 보면 그 외에는 성공하지 않은

삶으로 보인다. 하지만 우리는 타인의 시선과 자신의 시선을 동일시할 필요가 없다. 나 자신이 나라는 주인공을 둔 소설의 독자라고 생각하자. 우리는 분명 지금 극적인 결과를 내보이지 못했지만 소소한 성공들을 이뤄내고 있고 언젠가 원하는 것을 얻게 될 것이다. 그리고 타인들은 외면할 지 언정 '나'라는 독자는 그 소설이 재미없다고 외면하지 않을 것이다. 끝까지 함께 나아가서 웃으며 책장을 덮을 거다.

메이는 오늘도 달린다

"사장님 가게에 얼마나 오고 싶었는지 몰라요"

 오랜만에 들리는 손님들이 의례 하는 말이지만 말하는 사람이 얼마나 바쁘게 살고 있는지 알게 되면 정말 시간을 쪼개서 찾아온 것을 느끼며 감사할 따름이다.

 메이는 한 아이를 가진 엄마다. 우리가 생각하는 아이를 둔 엄마는 전업적인 가정일을 하는 형태이거나 몸을 두개로 나누어도 모자란 워킹맘의 형태일 것이다.
 그런데 메이는 진짜 무수한 일들을 한다. 아이의 학교 픽업에서부터 함께 승마나 놀이를 배우러 다니기, 카페를 운영하고 각종 전시를 기획한다.
 나로서는 도대체 어떻게 시간을 나누어야 그 모든 일

들을 해낼 수 있는지 의아할 따름이다.

 요즘으로치면 비교적 어린 나이에 아이를 가지게 된 메이는 대부분이 그렇듯이 육아를 하면서 상실하게 될 본인의 시간과 경력을 생각했다. 그 암담함에 우울해지던 메이는 그렇다고 내 커리어를 위해서 아이의 육아도 소홀히 하고 싶지 않다.

 어쩔수없이 보내야하는 (아이가 어릴 때는 정말이지 어쩔 수 없었다고 한다) 시간이 지나고 아이가 유치원, 학교를 들어갈 즈음부터 메이는 머릿 속으로만 구상했던 모든 시도들을 실행했다.

 어떤 날은 하루도 잠을 못자고 어떤 날은 종일 신경이 곤두서는 날도 있었다. 그럼에도 불구하고 메이는 끊임없이 작은 씨앗들을 심는 행위를 멈추지 않았다. 아이가 점점 커 갈수록 이 모든 행동들이 본인에게 옳은 선택이었다는 것을 깨닫는다.
심어두었던 씨앗들은 발아해서 눈으로 보이기 시작했

고 아이는 커가면서 엄마라는 자아에 정체되어 있지 않은 엄마의 모습에 오히려 응원을 보낸다.

 이제 곧 아이가 중학교에 들어서면서 기숙학교(어렸을 적부터 해리포터를 보여주며 기숙학교를 동경하게 만들었다)를 들어간다면 본격적으로 그 나무들을 키워나가고 과실도 수확하게 될 예정이다.

 오늘도 메이는 아이를 픽업하기 전까지 새로 오픈하게 될 가게를 위해 이곳저곳을 뛰어다니고 있다.

 오픈하게 되는 가게에 작은 도움을 줄 수 있었던 나로서는 메이가 키워내는 과실들이 너무 기대된다.

자유로울 자유

"사장님은 전혀 신경 안 써서 편해요"

짙은 화장에 예쁘게 꾸며진 손톱. 항상 들고다니는 양산. 이 정도까지만 설명하면 대부분 여성을 생각하지만 K는 남성이다.

지금도 의문인 사항이 그게 어째서? 라는 거라면 내가 너무 해외생활에 익숙해서일까 아니면 지극히 개인주의적인 사람이라서 그런 것일까.

화장이나 네일이야 여성 분들은 대부분이 하는 것이고 심지어 남자 연예인들도 언제나 유지하는 게 그 것 아닌가. 양산이야 본인이 필요하다면 언제든지 들고

다닐 수 있고. (나도 종종 햇빛이 너무 강렬할 때면 굴러다니는 우산을 쓰며 볼 일을 보러 다닌다)

 하지만 사람들은 그렇게 타인에 대하여 관대하지 못한 듯 하다. 혹은 지나치게 남에게 관심이 많은 걸지도. 가게에 K가 들렸다가 나가면 이내 다른 테이블에서 작은 수근거림이 들린다. (사장도 다짐한다. 아 저 손님들 다음부터 받지 말아야지)

 과거에는 제과업에 종사하시다가 혹사된 몸 때문인지 더는 관련업에 종사하지 못하게 된 K는 현재 네일을 가르치는 선생님으로 일한다. 주변의 인식 때문일까 어디서든 편하게 직업과 행동을 공개하지 못하는 K는 유독 잭지트가 편하게 느껴진다고 한다.

 가게에 오는 단골들은 K를 보면 자신의 네일에 대해서 물어보고 상담받기를 주저하지 않는다. 이런 분위기 때문인지 K도 어느새 잭지트에 자연스레 스며들어 있는 모습을 본다. 당연하다고 느끼면서도 그 당연함을 특별하다고 여겨야 하는 무수한 시선들이 나는 불편하다.

 이런 순간일수록 한국이라는 공간이 아쉽다. 학생들에게 항상 외국생활을 권하는 이유가 이런 부분이다. 외국이라고 그런 시선들이 없겠냐마는 그들은 적어도 타인의 시선을 의식해서 본인의 기준을 잡지 않는다. 그저 본인이 생각하기에 특이하네? 재밌네? 하고 웃어 넘길 뿐. (물론 아닌 사람들도 많다)

 '화장하다'라는 동사가 '네일하다'라는 것들의 주어가 여성일수도 남성일수도 있는 세상이 우리가 학교에서 배운 평등하고 자유로운 세상이 분명할텐데 아직까지 먼 나라의 이야기인 것만 같다.

잭지트와 나

서비스업을 시작하게 된 이유

 어디에서도 밝힌 적은 없지만 사실 나의 서비스업 시작은 한 책에서 시작되었다.

 교복을 입기 시작할 때 즈음부터 놀림과 따돌림을 겪던 아이였다. 직업 군인이신 아버지의 일 때문에 이사가 잦았고 이 지역 저 지역을 전전하다 보니 말투가 사투리도 표준말도 아닌 이상한 상태일 때가 많았다. 어색한 말투와 변성기가 다소 늦게 온 탓인지 유난히 가는 목소리는 또래 아이들에게 다양한 놀림거리를 제공해주었다.

 또한 직업군인들은 어찌나 술자리가 잦던지 매일 집은 술이 만취해서 들어오시는 아버지와 어머니의 싸움으로 어렸던 나에게 보금자리의 기능을 상실한 지 오래었다. 실행에 옮긴 적은 몇 번 있으나 실제로 걸린 적은 없던 몇 번의 가출과 집과 학교 어디서도 마음 편히 쉴 수 없던 나는 매일매일이 예민해지고 황폐해져만 갔다.

 그러던 어느 날 친구를 따라서 저녁 야자를 째고 소위 춤꾼들이 모여 있는 장소에 가서 춤을 구경하게 되었는데 이게 또 얼마나 열정적이고 자유로워 보였던지. 그 날 이후로 매일 자율학습 시간을 거르고 집에는 학원을 다닌다는 핑계를 대고 매일매일 춤을 배우러 다녔다.

 어느날 애매한 정도의 춤꾼이 되었을 때 같이 춤을 추는 형들을 보고 잠시 나의 미래를 연상해봤다. 매일 일용직에 근무하며 저녁에 되어서야 춤을 추며 많은 시름을 연소시키는 모습들. 나의 미래도 이렇게 될 것인가? 딱히 춤에 재능이 있지는 않아서 두각도 드러내지 못하는 나의 모습은 어쩐지 기대가 되지 않았다.

그렇게 다시 침체기가 찾아올 즈음이었다. 연습실 한 곳에서 방치되어 있던 한 일본만화책이 보였고 어렸을 때부터 유독 책을 좋아하던 이 아이는 그 책을 읽게 되었다. (우스운 이야기지만 가출을 하기로 마음먹고 배낭을 챙기면 항상 배낭 안에는 책들 만이 가득했다)

'바텐더'라는 만화책인데 주인공인 바텐더의 가게로 다양한 사연을 가진 사람들이 찾아오고 나눈 대화와 위로의 말, 음료를 통해 위로를 얻고 힘을 내어 다시 나아간다는 내용이다. 취업에 늘 실패하는 취준생, 고객들의 짜증에 질린 변호사, 3류 가수 등등 좌절감을 가진 무수한 사람들이 등장하고 사라지고 다시 등장한다. 처음 책을 읽을 때는 손님들에게 이입해서 책을 읽었다. 와 이렇게 이야기를 해 주다니... 나 였더라도 위로 받았겠는 걸. 등등.

그 생각이 이어지다 내 주변에는 이런 어른이 있을까. 아무리 생각해도 없었다. 이건 너무 불합리한 상황이지 않은가. 잠깐의 좌절이 느끼다가 문득 이런 생각을 하게 되었다. 그럼 내가 그런 사람이 되어 보는 거 어떨까. 나에게는 그런 사람이 없었지만 어느 날 어느 순간 누군가 나와 같은 사람이 있다면 내가 그런 사람이 되어서 작은 위로 나마 건네 줄 수 있지 않을까?

 책을 반복해서 읽을수록 그 생각은 강해졌고 속으로 결심도 단단해졌다. 곧 고등학교를 졸업하고 20살이라는 성인의 삶이 시작됐고 나는 거침없이 서비스업 분야로 뛰어들었다.

 어른이 된다는 건 무수한 선택의 가짓수가 존재하는 것을 알게 되는 것이었고 나는 그런 사람이 되기 위해서 카페나, 바 등등 온갖 분야를 경험하면서 점차 나아갔다. 그런 시간들이 지나 오늘에 이르렀다. 지금도 종종 생각해본다. 그 때 그 책을 읽지 않았다면 나는 다른 삶을 살고 있을까? 그리고 나는 지금 얼마나 그런 사람에 가까워졌을까?

우산의 마음

 가게를 시작할 즈음에 가게에 우산을 20개 정도 준비해 두었다. 갑작스런 소나기나 미처 일기예보를 확인하지 못한 체 나온 손님들에게 그리고 예상치 못한 비에 카페를 나서기가 어려워진 손님들을 위한 작은 배려를 마련해두고 싶었다.

 운영을 시작한 지 어언 4년. 가게에 여전히 남아있는 우산은 3~4개 뿐이다. 누군가에게 우산이 필요한 순간이 왔을 때 망설임없이 빌려준 탓일까 모든 우산은 꼭 돌려주겠다는 약속만을 남긴 채 어딘가로 떠나버렸다. 아쉽거나 서운한 마음이 클 거라고 다들 예상하지만 생각보다 그런 마음은 없다. 그 당시 손님들이 우산이 없어서 퍼붓는 빗속에 안절부절할 때 손님들을 그냥 보낼 수 밖에 없었다면 오히려 그 기억이 오랫동안 나를 괴롭혔을 것을 안다. 그리고 그 당시 손님들이 가졌던 고마움은 진심이었을 테니 어느 순간 잊혀졌다고 하더라도 괜찮다. (다만 그 우산들만은 어딘 가에 잊혀지지 않고 계속 기능을 하길 바란다)

 반대로 손님이 우산을 돌려주러 왔을 때 기쁨과 감격이 컸다. 어쩌면 마음 한 구석에서 다시 돌아오지 않을 거라고 생각한 것들이 돌아왔기 때문이었을까. 기억력이 좋은 편이라 웬만하면 방문한 손님들을 기억하지만 종종 놓치는 경우도 있다. 하지만 이런 경우는 누가 뭐라고 해도 재방문한 손님이 분명할 테니 어찌 기쁘지 않을 수가 있을까. 이런 나의 반가움이 손님들에게도 전해지는 것인지 모르지만 그런 손님들일 경우 자연스레 잭지트의 단골로 자리 잡고 인연을 이어가게 된다.

 사람의 마음도 마찬가지인 것 같다. 어렸을 적에는 주위에 사람이 많다고 생각하다 가도 나이가 들어갈수록 주변 사람들은 적어지고 의지할 사람은 더더욱 적다.

낯선 사람일수록 선뜻 다가가기가 힘들어진다. 하지만 좋은 사람들 과의 인연을 이어 가기 위해서 내가 먼저 작은 호감 혹은 선의를 베풀어본다. 어떤 이는 그 호감을 받고 떠나가던가 더 많은 호감을 얻으려고만 하지만 다른 이는 자신만의 방식으로 나에게 호감을 돌려준다. 그렇게 가볍게 이어지는 주고받음은 시간이 지날수록 단단해 지는 관계로 발전해 나간다.

 가게의 우산을 정리하다가 우산을 조금 더 채워 넣기로 한다. 갑작스레 찾아오는 비를 피할 수 있게, 그런 어려움을 목격하고 아쉽지 않을 수 있게. 어떤 식으로 이어질지 모르는 이들을 위해서.

책의 마음

 잭지트 안쪽 소파가 있는 테이블 맞은 편에는 책장이 있다. 개인적으로 전자책의 간편함을 느낀 후로는 종이책을 많이 구매하지는 않지만 이전부터 구매해왔던 책들과 읽고 싶지만 전자책으로는 없는 것들 그리고 종이책으로 소장하고 싶은 책들은 구매한다. 그 무수한 책들 중에도 나름의 테마와 추천하고 픈 책들을 골라서 책장에 진열해 놓는다.

 언뜻 보면 테마가 보이지 않을 수 있지만 책장을 두루 살핀 손님들은 칸마다 테마가 있음을 알아차린다. 엄밀히 말해서 이 책장은 나를 위한 책장이 아닌 고객들을 위한 책장이다. 일종의 나의 큐레이션이 포함된.

단골들이 책을 읽다가 영업시간이 다되거나 약속시간 때문에 아쉬워하며 책을 놓을 때 그 때는 종종 대여로까지 이어진다. 손님이 먼저 이야기하는 경우도 있지만 단골의 경우 내가 먼저 이야기하는 경우도 있다. 다만 여기서 앞서 언급한 우산과는 전혀 다른 마음이 생긴다. 책이 돌아오지 않으면 몹시 서운하고 실망감을 느낀다. 보통 책이 돌아오지 않는 경우는 그 손님이 시간이 없어서라기 보다는 빌린 사실 자체를 잊어버리는 경우가 대부분이기 때문에.

 우산과 책의 대여가 그렇게 다를 게 있겠냐마는 빌려주는 입장에서 우산의 경우 못 돌아와도 어쩔 수 없어라는 생각으로 빌려주는 것이라면 책의 경우 언젠가 돌려주겠지 라는 생각으로 빌려주는 것에서 그 차이를 발견할 수 있다. 때문에 일반손님에서 단골정도로 바뀌지 않으면 여간해서 대여로 까지 이어지지는 않는다. 이 경우 크게 실망하는 이유는 그 손님에게 그만큼 마음의 기대를 했기 때문이리라.

책의 물성에 대해서 내용적인 측면을 떠나면 크게 신경 쓰지 않아서 표지가 조금 찍히거나(가방에 책을 넣고 다니면 어쩔 수 없으니) 종이가 접히더라도 개의치 않는다. 돌려받았을 때 잠깐이라도 이 책에 대해서 이야기할 수 있고 당사자가 어떤 간접경험이나 생각을 전달받았다면 충분히 만족하고 나아가 뿌듯하다.

대여가 있은 후 방문이 오랫동안 되지 않는다면(6개월 정도) 가용한 연락처가 있는 한 먼저 연락을 한다. 그렇게 연락이 닿아서 책의 안부에 대해서 물으면 대개는 기억하지 못하고 있다가 이내 어딘가 에서 그 책을 발견하고 반납을 약속한다. 이 경우 가게에서 반납받기보다는 제 3의 장소로 약속을 정하거나 본인이 자영업 등을 하는 분이라면 직접 방문하여 회수한다. 그 이후로는 그 고객과는 인연을 이어가지 않는다. 일종의 나의 기준이 된 셈이다.

너무 가혹한 기준이라고 생각할 수도 있고 그 하나로 대상과의 관계성 모두를 단정짓는 거라고 볼 수도 있다. 동의한다. 다만 나는 이와 같이 작고 사소한 부분이 신뢰와 관련된 것이라고 본다. 그런 작고 간단한 부분의 신뢰도 놓치게 되는 사람과는 주위의 평판이나 그 사람의 진실된 됨됨이가 아무리 좋을지라도 넓거나 깊은 인연으로 발전하고 싶지 않다.

케이크의 고통과 기쁨

 할 줄 안다고 다 해서는 안 됐다. - 김 잭

 최초의 시작은 약간의 허세에서 였다. 케이크 주문을 어디서 할 지 고민하는 손님의 이야기를 들어주다가 주문 목록과 결과물을 살펴보니 그다지 어렵게 만들지도 않아 보인 게 문제였을까.

"저 정도 수준으로 만족할거면 내가 만들어 줄게"
"사장님 케이크도 만드실 줄 아세요? "
"저 정도야 쉽지. 어려운 기술이 필요한 형태도 아냐"

 외국에서 카페일을 할 때는 종종 디저트와 음식을 해야 하는 경계가 불분명할 때가 많아서 자주 만들기도 했고 한국에서 케이크로 유명한 T사 점장으로 일하다 보면 없는 케이크도 만들 수 있게 되는지라 가벼운 케이크는 문제 없었다.

 그리고 완성된 결과는 고객도 만족 만들어준 사장도 만족 해피엔딩 이었다. 여기서 끝냈다면 말이다.

 케이크가 너무 만족스러웠던지 인별그램에 피드를 올리고 사장 역시 좋다고 그걸 태그할 때까지는 일이 이렇게 될 줄 몰랐다. 케이크 주문이 폭주할 줄이야.

 다른 케이크 가게처럼 여러가지 샘플을 준비해두고 양식에 맞게 만들기만 했다면 큰 문제가 아니겠지만 일단 잭지트는 케이크 가게가 아닌지라 샘플이 없었고 때문에 고객이 추상적으로 원하는 형태와 재료, 문구를 사장 나름의 고민으로 해결해야했다. 영업시간 중에는 도저히 만들 짬이 나지 않아서 영업시간 전후로 추가 작업은 기본이요 독특한 재료를 원할 때는 그 재료 공수를 위한 시간도 사용되었다. 하루하루 지치는 순간의 연속이었다.

가장 중요한 문제는 사장의 완벽주의에 있었다. 가게의 디저트나 음식의 경우 맛의 영향을 주지 않을 정도라면 약간의 형태 완성도 떨어짐은 개의치 않았지만 케이크는 다르지 않은가. 케이크를 산다는 건 무언가를 기념한다는 것이고 그 기념의 순간에 약간의 아쉬움이라도 남겨주고 싶지 않았다. 강박적으로 완벽하게를 추구하게 되었고 조금이라도 완성도가 떨어지면 어떻게 든 다시 작업을 반복했다.

 그리고 찾아왔던 가게 운영하면서 몇 안 됐던 번 아웃. 가볍게 생각했던 케이크 작업 때문에 일상 운영도 지장이 올 정도로 피로와 스트레스가 누적되자 더 이상 할 수가 없었다. 많은 이들의 요청을 고사하고 인별이나 블로그에 올렸던 수많은 관련 사진도 지웠다.

 누군가의 기념일을 더 특별하게 만들어준다는 건 나에게 꽤 큰 즐거움을 선사해줬지만 그 즐거움을 누리기 위해 기존 고객들의 루틴과 편안함을 망칠 수는 없었다. 결국에는 선택의 문제였다. 돈을 쫓았다면 오히려 가게 영업을 줄이고 주문제작 쪽으로 집중했을지도 모른다. 검색해보면 알겠지만 주문 케이크들의 가격이 보통 비싼 게 아니니까.

 그런 선택의 기로에서 늘 돌아가야 하는 건 처음의 마음이었다. 가게에 찾아오는 이들에게 문을 열고 들어올 때보다 나갈 때 조금 더 나은 기분을 맞이하게 하는 것. 그런 선택들이 오히려 지금의 나를 아쉬움도 후회도 없게 만들어줬다. 지금도 그랬다.

 가끔 오랜 단골들이 사전에 요청한 작업은 비밀스레 만들어주곤 한다. 다만 기념하는 사진과 피드는 올리지 않거나 가게와의 연결성을 보이지 않는 것을 조건으로. 여전히 케이크를 받고 행복하는 손님들을 볼 때면 기쁜 마음이 넘치지만 가게를 운영하면서 느끼고 보람찬 순간은 그 순간만이 아니니까.

우주가 보내는 음식 신호

혹시 도를... 아니 우주적 에너지를 믿습니까?

절대 도를 아냐 고 묻고 싶은 건 아니다. 다만 가게를 운영하면서 어쩔 수 없이 그런 게 실제로 있을까라고 생각되는 순간들이 있다.

가게를 운영하다 보면 꾸준히 계속 나가는 메뉴들이 있는 가하면 꾸준히 나가지 않는 메뉴들도 있다. 신선한 재료를 써야하는 메뉴라면 일찌감치 메뉴에서 없어지겠지만 냉동된 제품을 쓰거나 건조된 제품을 쓰는 경우 계속해서 메뉴에 남게 된다.

그런데 유독 그런 날이 있다. 한달에 한두 번 나가면

많이 나갔다 싶은 메뉴가 갑자기 하루동안 5번도 넘게 팔리게 되는 순간이.

 주문하는 사람들의 공통점을 찾아보려고 해도 저마다 직업도 나이도 성별도 다른 사람들이 유독 그날 하루 그 메뉴를 주문하게 된다. 그렇다고 유튜브나 SNS 알고리즘에 뜬 건지를 살펴보아도 전혀 뜨지 않는.

 누군가는 배가 고플 때 하늘에서 계시를 내려주는 어디어디의 어떤 음식! 이런 식으로 떠오른다고 하던데 그런 종류의 연장선일까.

어떤 날씨. 어떤 온도가 결합되면 그렇게 되는지 모르지만 이건 미신이 아닌 실재하는 일이다.

누구라도 아쉬워 하는게 싫어서

 잭지트를 운영한다는 건 정말 만만한 일이 아니다. 어느 가게나 저마다의 고충이 있겠지만 일단 잭지트의 고충은 어느정도 스스로 자처한 부분이 있다.

 가게를 시작한 이유 중 하나라면 만들고 싶은 것을 내 마음대로 만들고 싶은 욕구도 있었다. 음료도 요리도 제과제빵도 늘 다른 누군가의 가게에서 일하다 보면 항상 아쉬움이 남는다. 이렇게 하면 더 좋을 텐데 이렇게 한 번 만들어보고 싶은데.

 결국 바리스타나 쉐프, 베이커들이 가게를 차리는 이유는 자기 마음대로 한 번 해보고 싶어서 임이 분명하다. 그런데 잭지트의 경우 사장인 내가 모든 분야에 다

욕심이 있었다는 게 문제다. 처음에는 별 문제가 없었다. 내가 만들어보고 싶은 걸 만든 다음에 반응이 없거나 좋지 않으면 없애고 다른 만들고 싶었던 걸 만들면 되니까.

 문제는 손님층이 두터워지고 나서부터 생겼다. 모든 분야에 어느정도 적당한 실력을 갖춘 사장은 각 분야에 따라 다른 단골층을 확보하고 만 것이다. 언뜻 보면 좋아 보이지만 혼자서 일하는 가게에서 이럴 경우 사장은 죽어 나간다고 보면 된다. 아침 일찍 출근해서 제과들을 굽고 영업시간 중에는 음료와 음식 및 각종 디저트 포장을 혼란스럽게 해치운 후 여유시간이 생기거나 영업이 끝나고 다시 재료 준비를 해야 한다. 이 무한 굴레의 반복이 시작된다.

 셋 중에 하나만 포기해서 두가지만 집중한다면 좀 더 편하게 그리고 다양하게 메뉴들을 구성할 수 있을 텐데 사장은 그 하나를 좋아해주는 손님들을 실망시키고 싶지 않아서 오늘도 한계적으로 몸을 혹사 시킨다.

잭지트를 마무리하고 언젠가 다시 열게 될 어떤 가게를 떠올려본다. 그 때는 조금 더 현명하게 운영하고 싶다. 하나...는 너무 적고 두 가지 정도의 장르를...?

여전히 시도해보고 싶은 게 많은 지금이 우습기만 하다. 몇 번 운영하다 체력과 준비 시간의 이유로 접어뒀던 여러 모임들도 다시 잘 꾸려보아야지.

처음 잭지트를 시작할 즈음에도 그랬다. 이런 상상은 상상만으로도 즐거우며 다음을 기획할 의지와 힘을 만들어 준다. 언젠가를 꿈꾸게 된다.

시작은 미미했으나 끝은 잭지트

"사장님 도대체 어떻게 이런 자리에서 가게를 할 생각을 하셨어요?"

잭지트를 운영하면서 꽤나 자주 듣는 질문이다.
대학가에 위치해 있기는 하지만 실제로는 유동인구가 거의 없는 위치.

다들 어마어마한 이유가 있을 거라고 생각하고 나도 있어보이는 이유를 생각해보지만 그 때 당시를 떠올려보면 어렵게 생각하지 않았던 것 같다. 다른 무엇보다도 우선 저렴해야 했으니까.

가게를 처음 열다 보니 스스로 무조건 성공할 수 있다

고는 믿지 않았다. 그만큼 실패할 경우 리스크를 최소화하고 싶었다. 지금이야 손님들이 대학교 번화가 쪽에 있으면 훨씬 성공했을 거라고 이야기하지만 그건 모르는 일이다. (인테리어를 시작하자마자 역시나 코로나가 시작되어서 학교 앞에 많은 상가들이 빠졌다)

다행히 몸에 탑재해 놓은 기술들은 넘쳐나는 지라 어떤 상권 어떤 손님이라도 맞게 무언가를 만들면 된다고 생각했고 정 손님이 지나가지 않는다면 배달이라도 하면 된다는 단순한 생각이었다. 그 때 당시만 해도 무언가를 나의 스타일대로 만들고 싶은 욕구가 강했고 기회가 주어진다면 어디든 상관이 없었다.

비용을 최대한 아끼기 위해서 할 수 있는 모든 걸 셀프로 처리하기로 마음 먹었다. 막상 시작하기로 하자 다들 걱정하던 위치는 당장의 문제가 아니었다.
바닥은 어느 시절부터 쌓여 있는지 모를 묵은 때로 장판을 이루었고 벽지는 몇 명의 업주가 지나갔는지 아무리 뜯어도 새로운 벽지가 나오는 그런 곳이었다. 외관은 또 어떤가. 수많은 업체들이 이 곳에 머물렀다가 이내 사라졌다는 걸 증명하듯이 알 수 없는 간판과 현수막들이 외관 가득 쌓여 있었다.

 가장 문제가 되는 것은 화장실. 어렸을 적 할머니 집에서나 보던 재래식 화장실을 여기서 마주할 줄이야.(변기는 전문가를 불러서 교체했다)

 매일이 막연함의 연속이었다. 묵은 때를 벗기고 벗겨낸 벽에 새로 페인트 칠을 시작하고. 혼자서 하는 일이었기에 기한도 시간도 없었다. 그저 그날 체력이 남아 있을 때까지 쓸고 닦고 칠함의 반복이었다. 무한히 반복을 이어가다 어느 순간 아무것도 없어진 가게를 마주하게 되었다. 오래동안 미뤄뒀던 면도를 한 후 말끔해 진 얼굴 같았다.

 자본이 여유롭지 않다면 직접 몸으로 뛰어보는 걸 추천한다. 업자에게 맡기는 것만큼 깔끔하게 마무리하지는 못하더라도 준비금을 많이 절약할 수 있고 맡겼을 때는 느낄 수 없는 어떤 뿌듯함을 느끼기도 한다. 나아가 재료를 구매하고 몸을 혹사시키다 보면 어떤 부분은 오히려 업자를 맡기는 게 더 나은 선택이라는 것들 역시 깨달을 수도 있다.

 경험이 쌓인 지금을 생각해보면 분명히 다시 하면 더 잘할 수 있는 요소가 있다. 다만 다시 하라고 한다면 글쎄... 직접 하고 싶어지지는 않는 걸.

코로나여서 오히려 좋아

 가게를 열 당시에 예기치 못한 코로나라는 녀석과 함께 시작하게 되었다. 모두들 가게에 방문하면서도 코로나만 아니었으면 훨씬 잘 되었을 텐데 라는 마무리 말들을 하곤 했다.

 그런데 나는 오히려 코로나와 함께 시작했기에 지금까지 이렇게 하고 있지 않나 싶다. 새로운 시도나 가게를 해본 사람들은 누구나 공감하겠지만 사실 아무리 경험이 많더라도 운영 초반에는 온갖 실수들이 발생한다. 남의 가게에서 일해주는 것과 온전히 내가 다 통제하는 가게에서 일하는 것은 전혀 별개의 문제였다.

 한 명의 손님이 나갈 때마다 미흡했거나 실수했던 부

분이 떠올랐고 약간의 자책감과 개선이 병행되었다.

 지금으로서는 상상도 못하겠지만 하루에 아메리카노 몇 잔만 팔린 적도 있었다. 하루 매출이 만원도 되지 않았던 순간도 많았다. (다행인지 불행인지 신기하게도 무매출인 날은 하루도 없었다)

 그럼에도 불구하고 세가 적었기에 크게 불안하지 않았고 내가 도저히 견딜 수 없어지면 운영이나 메뉴 만드는 것 등에 재능이 없던 거라고 결론 지어서 다시 어딘가로 떠나버리면 된다고 생각했다. 항상 처음 서비스업을 시작할 때 상기하던 것들만을 떠올렸다.

- 손님들이 들어올 때보다 나갈 때 조금 더 나은 기분을 가지고 나선다면 그걸로 만족하자. -

- 힘들고 지친 사람들이 가게에서 힘을 얻고 나갔으면 좋겠다. 찾아오는 사람이 없다는 건 힘들고 지친 사람들이 그만큼 없다는 것이니까 다행이라고 생각하자. -

시간이 지나고 드문드문 찾아오는 손님들이 생기고 다소 한적한 시간동안 다른 곳에서는 어려운 깊은 소통을 나누면서 단골로 이어지는 손님이 늘어갔다.

 아마 다른 가게에서 언급하는 오픈빨이나 다른 요인으로 가게가 바빴었다면 그런 순간들이 있을 수 있었을까. 사람들이 여기에 머물 수 있었을까. 모를 일이다.

 잭지트의 모든 단골들이 알고 있는 사실처럼 사실 난 지금도 가게가 바빠지길 원하지 않는다. 그저 찾아온 당신들과 오래오래 이야기 나누고 공간과 시간을 공유하고 향유하고 싶은 마음 뿐이다.

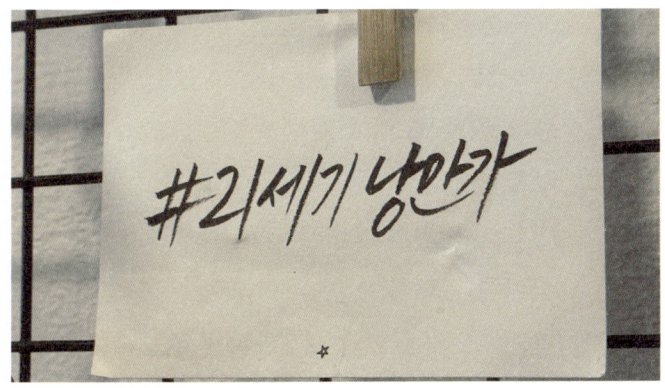

카페사장이라는 즐거움

"사장님은 가게에 손님이 아무도 없을 때 제일 행복해 보이는 것 같아요"

 이런 말들을 들을 때마다 속으로 뜨끔하는 기분을 느낀다. 과장스럽게 "아닌데 손님이 올 때 얼마나 행복한데~, 돈 벌어야지 아이 행복해"라고 말하지만 속으로는 이내 긍정하는 스스로를 발견한다.

 예전 군대에 있을 때 나의 선임이 나를 오랫동안 관찰한 후 이런 말을 한 적이 있다.

"너는 책이랑 음악만 있으면 어디 섬 같은 곳에 던져놓고 먹을 것만 조달해주면 평생 살 수 있을 것 같다"

그건 좀 과장이라고 생각하지만 외국에서 살던 기억을 더듬어보면 아주 틀린 말도 아니라는 생각이 들었다. 사람들과의 관계를 쌓는 게 귀찮아서 한국인을 거의 마주하기 힘든 마을들로 이동하며 살았고 전자책과 음악 어플이 있는 상황에서 일말의 외로움도 느끼지 않곤 했다. 어쩌다 만나게 된 지인들과 이야기를 나누다가도 한국에 대한 그리움이나 타인에 대한 그리움을 말할 때 전혀 공감이 안 되기도 했다. 가족에 대한 생각을 할 때도 가족들의 건강에 대한 염려는 있었어도 보고싶다고 눈물이 나는 그런 느낌은 생소하달까.

커피를 즐기기 시작한 시점부터는 어디에 가든 괜찮은 카페나 로스터리가 있어야 했지만(나에게는 무척 중요한 문제였다) 그 것 역시 주위에 괜찮은 카페가 없더라도 모카포트 하나와 맘에 드는 원두만 있다면 해결되는 문제였다.

그런 내게 나의 카페라는 공간은 너무나도 행복한 공간이다. 특히나 카페에 손님이 전혀 없을 때면 카페의 공간을 전세낸 기분으로 즐길 수 있는데 어떻게 행복하지 않을 수 있을까.(음악도 내 취향대로 나오는 전세카페라니) 심지어 커피도 너무 맛있다. 카페를 하는 지인들이 커피는 남이 타 준 것이 제일 맛있다고들 하는데 나는 이 부분 역시 전혀 공감이 안 된다. 항상 내가 만드는 커피가 제일 맛있다.

 하지만 조금 더 손님들의 눈치를 신경써야겠다. 손님 응대보다 혼자 책 읽기를 좋아하는 사장이라니 실상을 알고나면 문열고 들어가기가 망설여지지 않을까.(전혀 신경쓰지 않는 것 같지만)

 요즘은 다른 카페나 가게를 갈 때 무선이어폰을 귀에 꽂고 운영하는 가게를 자주 목격한다. 그런 가게를 들어갈 때마다 나는 불편한 감정을 느끼곤 한다. 직원에게 해야 할 말만 내뱉어야 할 것 같고 가벼운 대화나 소통은 완전히 배제해야 할 것 같은 기분. 그 이유로 그 장소를 찾는 손님이 있을수도 있으니 지극히 내 개인적인 취향 문제라고 하자.

그에 비해서 책은 좀 있어보이지 않나. 적어도 내 생각에 커피냄새가 퍼져있는 공간에 조용히 앉아 책을 읽는 사장의 가게라면 들어가보고 싶을 것 같은데..?

 작은 카페 사장의 기본 소양은 혼자 있는 시간을 잘 견딜 수 있는 것이라고 생각한다. 그렇다고 손님이 없는 시간에 게임이나 영상 등을 몰입해서 보고 있다보면 다시 손님에게 집중하는 데 시간도 걸리고 보기에도 좋지 않다. 그러니 나만의 카페를 준비하는 사장님들. 모두 책을 읽읍시다.

새로운 것을 소개하는 것의 어려움

 잭지트의 방향성 중에 하나라면 이국적인 경험 혹은 새로운 경험을 제공하는 가게 이다.

 결론부터 말하자면 수없이 실패하고 가끔 성공했다.
 사실 만드는 것과 구비하는 건 어렵지 않았다. 지나온 모든 가게에서 항상 생각을 하던 나는 이걸 이렇게 좀 하고 싶은데 혹은 아 이건 나중에 내 가게에 써 먹어야지 하는 수많은 생각들을 했었고 다 기록으로 남겼다.

 지금도 종종 머릿속으로 여러 아이디어를 구상하고 엎곤 한다. 구비하는 것도 마찬가지. 요즘 세상에는 내가 갖추고자 하면 갖추지 못할 것이 없다. 저 멀리 아일랜드에서 시작된 어느 수제 브루어리에 맥주를 취급하고 싶어서 수소문 끝에 가게에 구비한 적도 있다.

 하지만 끝없이 실패할 수 밖에 없었던 이유는 수요의 문제다. 지금이야 다소 두터워진 손님층이 생겼지만 초기만 하더라도 옅은 시냇가 정도의 손님 밖에 없던 지라 새로운 것들을 시도해보고 반응을 확인해보기가 어려웠다. 그리고 모든 제품들이 그러하듯이 유통기한이나 신선도라는 것이 존재했고 새로운 시도들과 멀리서 공수해온 다양한 것들은 한 두번 빛을 보고 다 폐기되곤 했다.

 손님층이 두터워진 지금이라면 시도해보고 반응을 이끌어내 볼 수 있겠지만 지금은 고정으로 된 메뉴들을 준비하는 것만으로도 여유시간이 없다.(1인 가게의 한계는 여기서 나타난다) 바빠진 만큼 새로운 무언가를 시도하다 보면 안정되었던 모든 준비 동선들이 다시 엉켜버린다.

 당연히 아쉬운 부분이 많다. 예약제로 운영을 하거나

한정으로 운영을 해보는 등 여러가지 구상도 해보지만 그런 실천은 기존 고객들의 피해가 없을 수 없기 때문에 과감히 시도하기가 어렵다.

 이제와서는 이런 생각들도 익숙한 지라 당장이 아니더라도 언젠가 어느 곳에서 다시 시도해보겠다고 다짐하며 생각을 한 곳에 모아 꾸준히 정리해본다.

글씨 천재가 된 잭 사장

"아니 이렇게 쓸 거면 그냥 프린트를 하시지"

 오늘도 어김없이 손님들에게 글자 못 쓰는 것에 대한 꾸중 아닌 꾸중을 듣는 사장이었다. 이 서러움을 어떻게 해야 할까. 천재는 악필이라던데 사실 내가 천재일지도 모르는 일이지 않나.

 문득 전에 언급한 J의 누나이자 이제는 다른 의미로 잭지트의 단골이 된 H의 제안이 떠올랐다.

"제가 예전에 캘리그래피를 가르치곤 했는데 사장님 도움이 될 것 같으면 말해요. 알려드릴게요"

과연 그걸 배운다고 해서 내가 저 구박들에서 벗어날 수 있을까 다소 회의적인 생각이 들었으나 언제까지 이런 구박들을 들으면서 살 수는 없다는 생각에 H에게 정중히 요청했다. 도와주세요.

"다양한 방법들이 있지만 가장 기초적인 방법을 알려드릴게요. 가능한 정자로 쓰면서 자음은 가늘게 모음은 굵게 써서 글씨를 써 볼까요"

 이렇게 간단한 방법으로 문제가 개선될까 싶다 가도 H의 지시대로 착실하게 한시간 정도를 투자해본 결과... 맙소사 뭔가 가 달라졌다.

"사장님 엄청 금방 배우시는 데요? 이정도면 재능있는 거에요. 오래 배워도 반영이 안 되는 사람도 많았거든요"

 과한 칭찬이라고 생각했지만 내가봐도 이전의 글씨와 지금의 글씨는 전혀 다른 느낌으로 다가왔다. 사실은

가게를 하지 말고 글씨를 쓰러 다녔어야 하는 게 아닐까 싶을 정도였다. (혼자만의 망상이었습니다)

 잠깐의 배움이라 모든 환경에 적용할 수는 없었지만 디저트 이름표에는 바로 적용이 가능했다.

"이거 사장님이 썼다구요? 거짓말"
"우와 사장님 이거 직접 쓰셨다구요? 프린트 한 건 줄 알았어요"

 누구는 거짓말이라고 다시 써서 증명해보라고도 했고 누구는 감히 컴퓨터와 비교해가며 나를 칭찬해줬다. 오랫동안 꾸준히 글씨를 이쁘게 쓰지 못하던 나로서는 다른 세계를 잠시 경험한 느낌이었다. 어쩌면 세상에 내가 시도해보지 않아서 개화되지 못한 재능들이 조금 더 있지 않을까 괜히 생각해본다.

이 자리를 빌어 H에게 감사의 인사를.

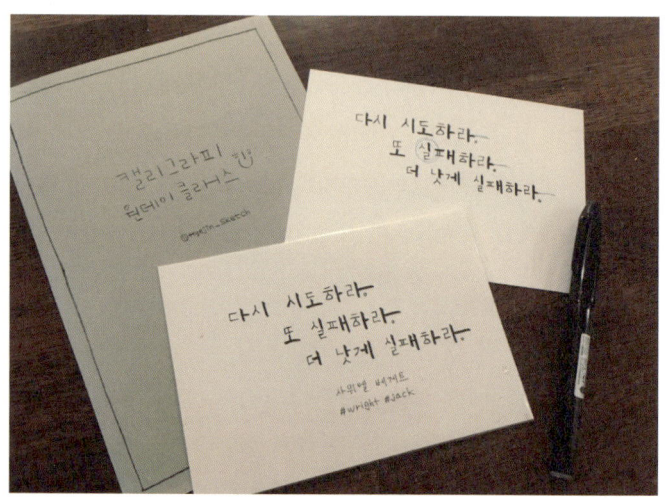
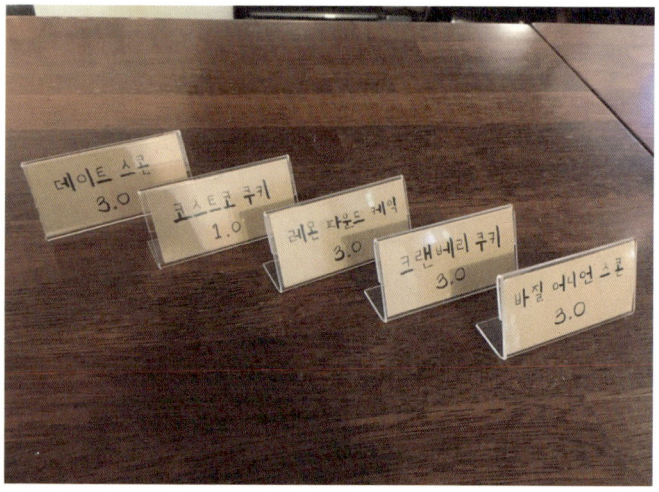

음악은 취향을 신고

"역시 이 노래가 나올 줄 알았어요"

단골 S는 가게에 들어서자마자 나오는 예상한 노래에 그럼 그렇지 라는 표정을 짓는다.

"모두 기다리고 있던 예린이의 새 앨범이라고!"

카페라고 하면 사실 가장 중요한 요소 중에 하나가 음악이 아닐까. 가게를 오픈할 즈음만 하더라도 뭔가 은은하면서 잔잔한 그렇다고 영 뜬금없는 노래가 아닌 재즈 느낌의 선곡들을 구성했었다. 그런 환경에서 대부분의 사람들은 편안함을 느끼니까.

그런데 매일매일 비슷한 노래를 듣다 보니 조금씩 질리는 느낌이 들었다. 다른 변화를 줘야겠다고 생각했고 이번 시도는 이런 식이었다.

- 원하는 곡 틀어드립니다. 선호하는 가수도 좋아요 -

처음에는 다들 뭔가 싶어했지만 한 명씩 신청곡을 넣는 경우가 많아졌다. 옆에서 누군가가 신청하자 자연스레 다른 사람도 신청하게 되었다.

원하는 곡을 틀어줄 때마다 조금 더 상대방에 대해서 알 수 있게 되었다. 그 사람의 성격과 취향 그와 같은 것들. 단순히 보고 느끼고 생각하는 것보다 때때로 읽고 있는 책이나 듣고 있는 음악을 통해서 상대방을 더 잘 알게 되고 이해하게 되는 것 같다.

가게 음악 스펙트럼이 넓어질수록 고객들과 나눌 수 있는 대화도 늘어갔다. 다시 시간이 지나고 나서는 기존방식을 유지하되 기본음악을 나의 선호음악으로 채워 놓는 것도 좋겠다는 생각이 들었다. 사장이지만 사실 가게에 가장 처음 방문하고 마지막으로 나가는 손님이라면 결국엔 나라서.

 나의 그리고 손님들에게도 마찬가지다. 손님들 역시 가게의 음악을 듣고 아 여기 사장님은 이런 사람이구나 라는 걸 느낄 수 있지 않을까.

 다행스럽게도 가게를 찾는 단골들 모두 나의 취향을 좋아해주었고 공감해주었으며 영향을 받았다. 나의 최애 가수들이 그들의 최애가 되고 그들의 최애가 나의 최애가 되고...

단골 중 누군가의 최애가 새 앨범을 발매한 뒤에는 그날은 가게 내에서 하루 종일 그 가수의 노래가 스트리밍되고는 했다. 당연히 그걸 예상하고 가게에 와서 종일 감상하고 가는 고객들.

시간이 지나서 우연히 그 노래들을 들을 때 누군가의 얼굴이 떠오를 것 같다.

영업시간을 지키는 마음

"사장님 이번 공휴일에도 안 쉬셔요? "
"물론이죠. 정해진 요일의 휴무 말고는 안 쉬어요"

잭지트는 특정 공휴일에 별도로 쉬지 않는다. 주에 정해진 휴무 날 하루를 정해서 매주 그 날만 쉰다. 바쁘고 여유롭고가 이런 선택의 기준은 아니었다.

어딘가 가게를 찾아가면서 제일 허탈한 순간이 언제일까. 궂은 날씨에도 불구하고 찾아간 가게가 예상치 못한 휴무를 맞이해서 영업을 하지 않을 때다.

잭지트를 찾아오는 누군가가 그런 순간을 맞이하는 것이 나는 납득되지도 않고 싫기도 하다. 그래서 몸이 피곤하더라도 사람들이 가게 영업시간과 운영을 쉽게 예측할 수 있도록 정해진 규칙을 준수한다.

 다만 이런 나에게도 부득이하게 쉬는 순간이 있다. 가게 초기에는 열정만으로 모든 순간을 견뎌냈지만 3년 차가 넘어가는 순간부터는 슬슬 힘에 부치거나 번아웃이 오는 경우가 종종 생겼다.
 어떤 일이든 마찬가지겠지만 체력과 여유가 떨어지면 사실 정상적인 업무능력이나 서비스를 유지하기가 어렵다. 직장인에게 휴가가 필요하듯이 나에게도 그럴 때마다 보충하는 시간이 필요해졌다.

 하루의 휴무가 있지만 사실 자영업자는 그 하루도 결국에는 가게를 나와서 다음 영업을 준비해야하기 때문에 휴무라고 하기 어렵다. (자영업을 특히 식료품을 다루는 업을 한다면 모두가 공감할거라 생각합니다)

 곰곰히 생각하다 마련한 묘책은 정기적으로 좋아하는 가수의 콘서트를 다녀오는 것. 요즘은 분기별로 한번 정도 좋아하는 가수의 콘서트를 예매한 후 그 날은 휴무로 잡는다. 이 경우에도 최대한 예측할 수 있게 (콘서트는 보통 한 달 이전에 예매가 가능하니까) 한 달 전부터 인스타그램이나 네이버 등 SNS공지사항에 크게 올려놓는다. 가게 문 앞에도 붙여둔다.

 지친 모습으로 응대하다가도 그렇게 리프레쉬하고 돌아오면 다시 쌩쌩해진 모습으로 돌아가기에 나도 손님들도 만족하는 잭지트만의 운영 규칙이 된 셈이다.

가게의 홍보와 확장 그 딜레마 사이에서

"사장님 음식이랑 디저트가 세상에서 제일 맛있는 것 같아요!"

한 달에 한 번 정도로 오는 커플 분들이 있는데 여자 분이 나가시며 말씀하셨다. 속으로 암암 그렇고말고 라고 생각했지만 약간의 겸손을 포장지로 싸기 위해서 직접적인 대꾸보다는 다른 말로 말했다.

"저도 아는데 주변에는 소문내지 말아요"
"왜요?"
"주변에 다 알아버리면 식사자리도 없고 디저트도 하나도 안 남을걸요?"

이렇게 완벽한 논리가 있을까. 내가 생각하기에 가장 완벽하게 논리적이고 빈틈없는 답변이 분명했다. 하지만 세상어디에나 상상 외의 생각은 존재하는 법.

"그럼 당연히 사장님이 가게 확장하셔야죠!"

일 말의 고민조차도 없는 이 대답에 3초 정도 대꾸할 말이 떠오르지 않아 잠시 멍을 때렸다. 잠시의 시간이 지나자 머릿 속에 확장하지 못할 혹은 하고 싶지 않은 백가지 하고도 스물 너덧가지 이유가 떠올랐다. 황급히 대꾸하려고 말을 하려는 순간 손님분들이 먼저 선수를 쳤다.

"사장님 다음에 또 올게요-!"

뒤도 돌아보지 않고 떠나가는 커플을 바라보며 황망한 나의 모습.
잭지트를 운영하면서 별도로 홍보에 애를 쓰지 않는다. 사업자 등록을 하고 네이버나 혹은 다음 등의 지도

맵에 가게를 등록한 순간 사장 경험이 있으신 분들은 다들 알 거다. 광고업체에서 얼마나 무수히 연락이 오는지. (적어도 일주일에 3번 이상은 온다)

 효과가 전혀 없다고는 할 수 없겠다. 이미 주변 가게를 운영하는 지인들이 많이 이용하기도 하고 안 하는 것보다는 나으니까. 근데 최소한 가게 규모 정도는 알아보고 연락을 해야 하는 거 아닐까. 1인 가게에 테이블은 바 자리를 제외하고 고작 3개. 여기서 손님이 늘어보았 자 줄이 늘어설 뿐이다. (굳이 줄 서서 먹을 정도는 아니라고 생각한다)

 협소한 가게다 보니 주방 역시도 2명 이상 움직이기 어려운 구조라 현실적으로 인원 추가도 어렵다. 그렇다면 확장을 해야 하는가.

 상식적으로 그게 맞을 수도 있지만 규모가 커지고 사람이 늘어날수록 내가 원하던 가게와는 거리가 멀어진다. 음식 맛은 노력해서 균일하게 유지한다고 해도 고객과의 소통같은 것들이 문제다.

 음식에 집중해서 나의 모든 메세지는 음식(혹은 음료)으로 말하겠다고 하는 쉐프나 바리스타들도 있겠지만 내가 추구하는 잭지트의 이상은 손님과의 연대감이다. 음식이나 음료. 판매하는 그 무엇도 나에게 있어 소통의 수단이지 소통의 대상은 아니다.

 단골들이 원하면 편하게 레시피를 나누고 직접 알려주는 이유도 여기에 있다. 언젠가 잭지트가 없어지더라도 추억을 떠올리길 바라는 마음. 그리고 누군가 이 모든 레시피를 그대로 활용한다고 해도 잭지트가 될 수는 없다는 생각.

 언젠가 아까 그 손님들이 이 글을 읽게 될까. 그러면 좋을 텐데. 다음에 방문하면 묻지도 따지지도 말고 다다다다 이야기하리라 마음 속으로 다짐해본다.

나만의 가게를 준비하기 (위한 책사장의 TIP)

대기업과 작은가게

 한국에서는 아직도 '손님은 왕이다' 라는 문구가 서비스업의 대명사인 것처럼 여겨집니다. 여러분은 이 표현에 동의하십니까? 혹여 지금 손님의 입장이기 때문에 동의하더라도 본인이 사장이 된다면 여전히 동의할 수 있겠습니까? 밑으로 직원을 쓰면서 사장이 손님 응대를 전혀 하지 않는다면 그럴수 있겠지만 본인이 실제로 손님을 응대한다면 그러기 쉽지 않을 것입니다. 아무리 사람 좋은 사람이라도 본인과 잘 맞는 사람과 그렇지 않은 사람이 있고 손님은 그 모두가 오기 때문이죠.

 이럴 때 대기업이나 대형 프렌차이즈가 취하는 전략은 모든 사람에게 공통적으로 응용할 수 있는 매뉴얼을 만들고 그것을 준수하는 것입니다. 복장이나 응대 태도를 균일화 하여 어디서나 비슷하고 안정감을 느낄 수 있는 서비스를 제공합니다. 이렇게 형성된 매뉴얼은 직원이 바뀌어도 비슷하게 응대할 수 있게 하고 나아가서 고객들이 그 가게 직원들의 매력이나 친밀감으로 가기보다는 그 브랜드의 품질과 이미지에 의해서 찾게 만듭니다.

 그렇다면 나의 가게 혹은 작은 가게가 그와 같은 전략을 취하면 될까요? 답은 아닙니다. (요즘 젊은 사람들은 자신의 가게를 브랜드화 시켜서 대중에 그 이미지를 보고 찾아오게 만드는 경우가 많지만 실제로 그와 같은 방법으로 성공한다면 이미 작은 가게가 아닌 상황 일테니 논외로 치겠습니다) 작은 가게가 단골을 만들고 다시 찾아오게 만드는 힘은 매일 마주치는 사장이나 직원과의 친밀감 혹은 유대와 밀접한 연관이 있습니다. 손님의 입장에서 본다면 대형가게들에서 '여기 브랜드 커피가 맛있어' 라는 생각을 한다면 작은 가게에서는 '여기 사장님이 내려 주시는 커피가 맛있어'가

되는 겁니다.

 즉 자신의 취향 혹은 결이 비슷한 사람들이 자주 찾으며 단골이 되는 겁니다. 그런데 사장이 대기업이 취하는 매뉴얼 적인 서비스를 하면 어떻게 될까요? 오히려 다수의 요구를 충족시키기 위해서 단골이 될 여지가 있는 사람들을 멀리하게 되는 결과가 됩니다. 그와 같은 방식으로는 자본과 교육, 이론이 탄탄한 대기업과의 비교를 피할 수 없고 이기기 힘든 부분입니다. 도태될 뿐입니다.

 그들과 같은 시장 속에서 경쟁을 한다는 생각보다는 다른 시장에서 활동한다고 생각해야 합니다. 작은 가게일수록 모든 사람들을 타깃으로 하기보다는 나의 개성을 드러내어 결이 비슷한 사람들을 좀 더 가까이 두고 단골로 만듭니다.

 여기서 많은 사장님들이 걱정하시는 부분은 그러다가 진짜 소수만 남고 나머지 사람들이 다 떨어져 나가면 어떻게 하냐? 라는 부분일 텐데요. 사람들의 생각보다 잠재고객의 수는 많고 그 중에서 나와 결이 비슷한 사람 역시 많습니다. (물론 완전히 일치하는 사람이야 드물겠지만요)

학교나 회사에서 인간관계를 예로 들어봅시다. 나와 비슷한 사람들이 친구가 되고 적당히 대화를 나누고 한두가지 관심사를 공유하는 사람들은 주변인 정도로 남습니다. 그리고 도무지 맞지 않는 사람들이 있을 테지요. 이 때 주변인 정도까지를 가게 고객의 범주로 한정 지으라는 말입니다.

또한 상기해야 할 것은 나만의 작은 가게를 만들었다는 건 스트레스 받지 않고 소소하게 즐기며 단골들과 유대를 이어 나간다는 것인데 약간의 돈을 더 벌기 위해 무분별한 손님층을 만들고 결이 완전히 다른 사람들에게도 단골들과 똑같은 대접을 하려고 한다면 잠깐은 돈을 더 벌지 모르지만 오히려 단골들이 떠나가게 되고 엉뚱한 스트레스 받으며 응대해야 하는 손님만 남게 될 겁니다. 그와 같은 모순이 이어진다면 결국에는 스트레스만 가득 남은 채 내가 왜 이 일을 하고 있는지에 대한 회의에 빠질 것입니다.

 작은 가게를 만들고 꾸준히 이어 나간다는 것은 나만의 개성을 드러내고 비슷한 결을 가진 사람들과 함께 즐거운 순간순간을 만들어 나간다는 것이라는 것을 상기해야 합니다.

(적절한) 위치는 중요합니다

 위치는 중요하기도 하고 중요하지 않기도 합니다. 말의 모순이 있죠? 그건 사람마다 다르기 때문입니다. 가장 중요한 점은 자기 자신의 취향과 능력을 이해하는 것입니다.

저를 예로 들어볼까요? 저는 오래전부터 가게를 하고 싶어서 커피든 음식이든 제과제빵이든 가리지 않고 익혀왔습니다. 때문에 어느 분야든 일정수준 이상을 만들 수 있죠. 그렇기 때문에 제가 구체적으로 어느 취향과 상권을 고수하지 않더라도 아무 장소나 위치를 정한 후에 이 위치에서는 이 아이템으로 가게를 해야겠다 하고 진행할 수 있죠. 하지만 대부분의 사람들은 그렇지 않습니다.

그럴 때 가게를 시작함에 있어서 가장 중요한 것은 본인의 취향입니다. 개인의 가게를 한다는 것은 결국의 본인의 확장이라고 할 수 있습니다. 집기나 인테리어 메뉴 구성이라던지 취향이 나타날 수 밖에 없습니다.

 본인이 전시나 미술에 관심이 큰 사람이라고 생각해 봅시다. 이 때 본인이 차려야 하는 장소는 어디일까요? 답은 비슷한 관심을 가진 사람들이 많이 거주하는 곳이나 (알 수 있다면) 미술관 혹은 전시관이 근처에 있는 곳이어야 합니다. 그래야 본인과 결이 맞는 사람이 손님으로 오게 되고 단골로 이어지게 됩니다. 이런 사람이 세가 비싼 번화가에 가게를 한다 거나 어린 학생들이 주로 이용하는 위치, 술집 근처 같은 곳에 가게를 한다면 손님들의 취향을 맞추기도 힘들 뿐더러 가게를 하며 낭만을 즐기려던 꿈보다는 그저 많은 에너지를 뺏길 뿐입니다.

 흔히들 할 수 있다면 번화가나 유동인구가 많은 장소에 가게를 해야 한다고 합니다. 가게로 큰 돈을 벌려면

틀린 말은 아니지만 그런 장소는 가게세도 비쌀 뿐더러 직원도 여럿을 써야 하고 이미 대기업의 가게들이 포진해 있습니다. 이른바 하이리스크 하이리턴인 셈이죠. 그만큼 유행을 민감하게 발맞추어 음료나 디저트에 반영해야 할 텐데 본인이 그런 일에 큰 흥미를 느끼고 재밌게 일할 수 있으시겠습니까?

 나만의 가게는 타인의 추천이나 다수의 이야기를 듣고서 만드는 것이 아닙니다. 스스로의 생각 속에 어떤 이미지를 가지고 주변을 확장해서 선명하게 고민을 거듭한 후 결정해야 합니다.

 평소 나와 잘 맞는 결을 가진 사람이 누군지 어떤 사람들을 손님으로 받고 싶은 지 계속 고민해야합니다. 그 이후에 대학가, 오피스상권, 주거상권 등 본인에게 적합한 상권을 선택할 수 있습니다.

무엇부터 배워야 하나요?

 한국에서 창업을 준비하는 많은 분들이 가장 많이 하는 방법은 자격증을 취득하는 것입니다. 나쁘다는 것은 아니지만 실제로 창업이나 영업에 있어서 사용되는 부분은 투자대비 10% 정도 밖에 되지 않습니다.

 권장하는 방법은 차리려는 가게와 유사한 업종에 직접 일해보는 것입니다. 상상만으로 준비했던 부분을 실제로 경험함으로써 예상과 다른 점도 발견할 수 있고 실제로 창업으로 이어지더라도 바로 적용할 수 있는 기술을 습득하고 비효율을 줄일 수 있습니다. 하지만 문제는 한국에서는 웬만큼 나이가 있다면 고용되기가 쉽지 않다는 점입니다. (외국에서 일할 때는 중년이 넘어서도 새로운 분야에 도전하고 그걸 이상하게 생각

하지 않는 분위기였던 점이 부분이 참 그립습니다)

 그렇다면 다음 대안으로 본인이 생각했던 가게와 가장 유사한 롤모델을 찾아서 방문해보고 직접 분석해보거나 사장님과 대화를 나눠봅니다.

모든 사장님들이 시행착오 등을 나누는데 인색할거라 생각하지만 많은 사장님이 자신이 고생했던 부분을 공유하고 도와주는데 망설이지 않습니다. (다만 운영할 가게가 가까운 인근이라면 곤란하겠죠)

 타깃을 정했다면 그 가게가 바쁘지 않을 시간 즉 사장님과 편하게 대화를 나눌 시간에 방문해서 가게 메뉴도 시키고 고민도 털어놓으며 대화하는 기회를 누려봅니다.

 그렇게 인테리어를 어떻게 해야 할지 실전적인 기술을 어떤 것을 익혀야 할지 감이 잡혔다면 그 것들 위주로 전문가에게 교육을 받습니다. 예전에는 커피를 배운다고 하면 두루뭉실한 이론부터 필요치 않은 부분까지 모두 포함한 교육 밖에 없었지만 요즘은 짧지만 강하게 진짜 필요한 부분만을 알려주는 수업들이 많습니다. 다양한 교육기관과 개인교습 등을 알아보고 바로 사용할 것들만 익힙니다.

 저 역시도 커피나 요리, 제과 제빵 분야를 그렇게 교육했었고 수강생들은 실전에서 바로 써먹을 수 있었습니다. 그런 식으로 접근했을 때 본인이 걱정하는 것보다 진입하고 숙달되는 시간이 훨씬 단축됩니다. 이렇게만 배워도 되는 건가 싶을 정도로요. 그 정도 수준만 되어도 충분히 가게를 운영할 수 있습니다. 다만 본인이 좀 더 집중해서 공부하고 싶고 발전하고 싶다면 그 이후부터 차츰 공부해 나가며 발전하면 됩니다. 기본기를 익히고 도구들만 있다면 요즘은 책 그리고 유튜브, 교육 플랫폼 등 스스로의 노력으로 발전할 수 있는 수단이 많습니다. 진정한 전문가로 거듭날 수 있습니다.

 가장 중요한 건 자신이 생각하는 가게의 이미지를 최

대한 구체화 시키는 것입니다. 막연하게 카페를 해야지, 음식점을 해야지 정도의 계획만으로는 위와 같은 방법으로 습득할 수 없습니다. 창업을 준비하기에 앞서 이미지나 글로써 나는 어떤 인테리어로 분위기를 만들 것이고 어떤 메뉴를 갖추고 어떤 디저트나 음식을 팔 것인지를 먼저 정합니다. 그리고 그에 맞춰서 교육을 찾아보고 진행합니다.

 교육을 받으러 오시는 분들 중 제가 정중히 돌려보내는 고객들이 있는데 이런 분들입니다.

– 아직 어떻게 할지 모르겠는데 일단 배워둘려고요 –
– 저는 경험이 없어서 그냥 이렇게 할 수도 있고 저렇게 할 수도 있고 해 봐야 아는 거 아니겠어요 –

 경험이 없는 건 문제가 아닙니다. 앞서 이야기한 것처럼 금방 배울 수 있으니까요. 하지만 본인이 생각하는 가게의 형태가 분명하지 않다면 충분히 구체화될 때까지는 보류하시는 게 좋습니다.

광고를 해야 할까요?

"안녕하세요. 광고업체는 아니고 법인회사 어쩌구..."

"안녕하세요. 네이버 측과 제휴맺은 어쩌구..."

가게를 시작하고 (4년 차) 지금까지 계속해서 걸려오는 마케팅회사의 전화입니다. 초창기에는 빈도가 주에 5회 이상이었는데 지금은 주에 2~3회 정도로 줄었네요. 다행스럽게도.

개인정보가 유출되는데에는 여러가지 경로가 있었겠지만 이런 전화가 급격히 늘었던 건 네이버나 다음과 같이 지도맵을 보유하고 있는 회사에 요청해서 가게를 등록한 후에 급격히 증가했습니다. 아마 광고업체들과 대기업들과의 연결점이 있을거라 짐작합니다.

 이런 회사들은 저마다 다른 여러가지 이야기를 하지만 그들이 이루어준다는 것을 요약해보자면.

- 검색포탈에서 키워드 검색시 상위 노출
        (ex- 카페 , 브런치 , 커피 등 등)
- 네이버나 다음맵에서 검색시 참고하게되는
        블로그 리뷰나 고객 리뷰 작성
- 인스타그램이나 블로그 관련
        조회수 증가 및 고객 유도

정도가 주요 내용입니다.
유료로 해준다는 곳도 있고 무료로 해준다는 곳도 있습니다. (무료로 해준다는 곳의 단골멘트는 정부에서 지원을 받아서 어쩌구 혹은 좋은 케이스를 만들고 싶어서 어쩌구 입니다)

이런 업체들과 제휴를 했을 경우에 구체적으로 긍정적

인 효과가 나타나는지에 대해서는 사실 확실한 답변을 드리기가 어렵습니다. (저는 하지 않아서...) 다만 요즘 고객들의 맛집 탐방기준이 블로그 리뷰나 고객 리뷰, 별점, 인스타그램 리뷰 및 후기 등을 토대로 이루어지기 때문에 경우에 따라서 긍정적인 결과로 이어질 수 있다는 부분에 대해서 인정합니다.

 이런 업체들의 경우에 주된 방법은 업체에서 별도로 무료체험단을 만들고 자영업자는 이분들에게 무료로 일부 메뉴를 제공하고 무료체험단 사람들은 무료 제공에 대한 대가로 리뷰를 쓰고 경우에 따라서 소액의 작성료도 지급받습니다. (아마 블로그 자체의 영향력에 따라 달라지는 것 같습니다.)

두가지 요건이 충족된다면 광고비라고 생각하고 투자해도 괜찮다고 봅니다.

첫째. 이 광고를 통해서 늘어나는 손님들을 감당할 수 있는가 입니다.

매장을 오픈했을 경우, 흔히 말하는 오픈빨이나 위와 같은 광고를 통해서 원래 유입되어야 할 고객보다 작게는 2배에서 많게는 몇배로 방문 빈도가 늘어날 겁니다. 그와같은 경우에 지금 매장의 상황과 인원으로 충분히 감당할 수 있는지를 생각해보아야 합니다.

 그렇지 않을 경우 긴 웨이팅과 미흡한 상태로 제공되는 상품 등등 광고비를 받고 방문하는 손님이 아닌 일반 손님의 경우 불쾌한 경험을 하게되고 본인도 재방문 의사가 없어짐은 물론 주변 지인들에게 까지 좋지 않은 후기를 전파하게 됩니다. 그렇다고 이와같은 광고만 믿고 직원을 무턱대고 늘렸다가는 매출에 비해 인건비의 지출이 막심해질 수도 있습니다.

둘째. 자체 상품이 충분히 경쟁력이 있음을 확신하는가 입니다.

 지인의 방문이나 위의 광고업체에서 섭외된 체험단의 경우 당연히 좋은 내용물을 써줍니다. 쉽게 이야기해서 상중하로 구분할 때 매장의 상품이 무엇이 되었든 상으로 써준다고 봅니다. 그런데 일반 손님들의 경우 기본적으로 동류의 상품에 대한 기대감은 중입니다.

광고없이 방문했을 경우 예상했던 기대감을 충분히 만족시키기 때문에 무난하게 넘어갈 수 있는 부분이 광고를 통해서 기대감이 상까지 치솟았는데 오히려 내용물은 중이었다고 느껴지게 된다면 상대적으로 부정적인 리뷰가 형성되게 됩니다. 이상적인 경우는 광고를 통해서 상으로 홍보가 되고 실제 내용물도 상이어서 널리널리 긍정적인 여론이 형성되는 것입니다만 아사디시피 쉬운 일은 아닙니다. 때문에 본인의 가게 상품에 대한 냉정한 판단이 필요한 부분입니다.

사실 많은 준비를 하고 스스로 경쟁력을 갖춘 가게들은 당장의 광고가 아니더라도 결국에는 널리 퍼지게 되는 게 요즘 시대입니다. 더불어 그런 광고업체의 힘을 빌리지 않더라도 개인의 역량으로 다양한 홍보(인스타나 블로그 등은 광고회사의 전유물이 아니니까요)

가 가능하기 때문에 저는 후자를 더 추천합니다.

 노련한 자영업자가 아닌 이상 초반에는 다양한 사건 사고들이 발생하고 그것들을 수정해나가면서 경험이 쌓인다고 생각합니다.(저역시도 초반에 많은 실수와 문제들이 있었고 조금씩 늘어나는 방문객들에 맞춰서 하나하나씩 교정하고 나아갔습니다) 그런데 초기에 광고를 통해서 감당하지 못할 정도의 손님이 방문하고 시간이 있었다면 충분히 감당할 수 있는 부분까지도 놓치게 되는 우를 범하지 않았으면 합니다.

 위와같은 광고들을 절대 하지말라는 건 아닙니다. 본인의 가게가 안정을 찾고 익숙해지는 시기가 온다면 과감하게 투자를 해 볼 수도 있는 부분입니다. 다만 실행하고 안하고의 이해득실을 분명히 따지고 시기를 맞춰서 진행했으면 하는 바람입니다.

 마지막으로 사견을 더 붙이자면 저는 광고회사들을 신뢰하지 않습니다. 이건 효과가 있느냐 없느냐를 떠나서 신뢰의 문제입니다. 광고회사들은 본인들만 믿고 따라오면 다양한 효과와 상승작용이 있을거라고 합니다. 그런데 생각해보십시오. 그들이 알고 있는건 우리 가게가 어떤 종류의 가게이고 어떤 메뉴를 파는지 그게 다입니다. 내가 어떤 의도를 가지고 이 가게를 했는지, 우리 가게는 어떻게 생겼는지 전혀 알지 못합니다.(잭지트의 경우 테이블이 3~4개인데 그들은 10개 이상의 테이블이 가득 찰 거라고 보장합니다) 심지어 그들은 우리 가게를 방문해본적도 방문해볼 의향도 없습니다. 대부분은 현지와 동떨어진 장소의 사무실에서 전화를 걸고 매뉴얼에 입각한 이야기를 진행합니다.

효과의 유무를 떠나서 그들을 신뢰할 수 있을까요?

직원을 대하는 마음

 회사 생활이나 조직 생활을 해 보신 분들은 알겠지만 가장 중요한 건 어떤 사람을 뽑아서 함께 나아가느냐 입니다. 그 중 가장 중요한 것이 무엇인지 묻는다면 사람을 뽑는 것이겠죠.

 이 때 자격증이나 경력을 보고 덜컥 뽑는 잘못을 저지르지 맙시다. 함께 오래 나아갈 수 있는 사람은 그 것만으로는 알 수 없습니다.

 대화를 나눠 보고 짧게 라도 임시로 일을 같이 해 보세요. 모자란 능력은 가르치면 되고 부족한 경력은 이번 기회로 채우면 됩니다. 가장 중요한 건 성품입니다.

이렇게 뽑기만 잘 하면 될 것인가. 그것도 아닙니다.

그 직원이 일을 하게 된 이유가 있을 겁니다. 누군가는 별도의 시험을 준비하는 기간에 생계를 유지하려 할 수도 있고 지금 구한 일 자체가 자신의 비전과 일치하기 때문에 함께 나아가보고 싶은 생각일 수도 있습니다. 혹은 단순히 돈이나 경력 자체를 목표로 하기도 합니다. 직원은 영원히 자신의 밑에서 일해야 하는 수직 관계가 아닙니다. 직원의 상황과 의사를 충분히 확인하고 이해하는 데에서 일단 시작합니다.

업무적인 경력이 없더라도 직원의 태도나 생각에서 오히려 배울 수 있는 부분이 많습니다. 함께 성장해 나가는 동반자 관계라고 생각해보면 어떨까요? 그런 관계라고 생각했을 때 더 나은 커리어를 쌓거나 당사자에게 도움이 되는 기회가 온다면 보내주어야 합니다. 진심으로 응원하면서요.

그렇게 할 때 직원도 가게에 머무는 동안 최선을 다할

것이고 어딘 가로 떠나게 되더라도 가게를 생각하는 마음에 다음 사람에게 인수인계를 철저히 해주거나 급한 상황이 발생할 때 자기 일처럼 도와줍니다.

 어렵게 생각하지 마세요. 사장과 직원의 관계 역시도 다른 관계와 마찬가지입니다. 좋은 친구를 사귀고 싶다면 상대방에게 최선을 다하고 친구 역시 그 마음을 느끼고 그에 호응하는 반응이 있을 때 그 관계가 형성됩니다. 괜찮은 사람이라면 내가 하는 행동에 따라서 멋진 모습으로 보답 해 줄 겁니다.

언젠가 어딘가에서...

 이 글을 쓰는 지금은 서울을 오가며 책을 만들고 있습니다. 한 해에 세상에 나오는 책들을 세어보면 수만권이 넘는다고 합니다. 이 책이 그 수많은 책들 중에서 유난히 빛이 날 책이라고 생각되진 않습니다.

 누군가는 돈을 벌기위해서 누군가는 야망을 이루기위해서 책을 씁니다. 동기가 다소 건전하지 못하더라도 탓하고 싶지는 않습니다. 결국에 선택하는 것은 독자들이고 목적을 달성하기위해 저마다 최선을 다 했을 테니까요.

 저는 이 책을 누군가에게 편지쓰는 마음으로 썼습니다. 그 과정에서 가게를 찾아주던 수많은 얼굴들이 계속 스쳐지나갔습니다. 기존 고객들 뿐만 아니라 어린 날의 저처럼 의지할 누군가가 필요한 이들을 생각하면서도 썼습니다. 덕분에 짧은 시간동안 막힘없이 글을 쓸 수 있었습니다.

 잭지트는 2023년 올해까지 운영을 합니다. 서울을 오가고 책을 준비하느라 다소 소홀해졌던 마음을 다잡고 다시 누군가를 맞이하겠죠. 올해 이후에 사라짐을 아쉬워하는 사람들을 위해서 SNS나 유튜브 등을 통해서 지속적인 연결을 시도하려는 준비도 하고 있습니다.

 가게를 운영하면서 벅찼던 순간들도 많았지만 스스로 아쉬웠던 순간들도 늘 있었습니다. 언젠가 다음 가게로 돌아오게 될 때면 그 아쉬움들을 깨끗히 씻어낼 수 있을까요? 모르겠습니다. 다만 그 곳에서 다시 만난다면 어제 본 사람처럼 태연하게 인사하게 될 것 같습니다. 친한 친구를 오랜만에 보아도 어색하지 않은 것 처럼요.

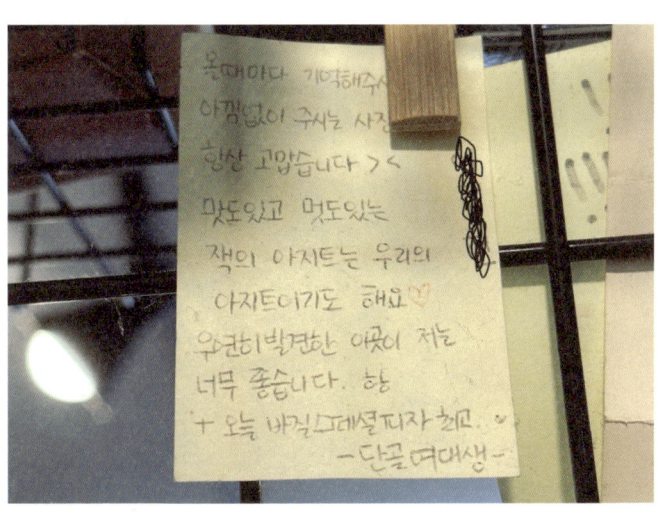

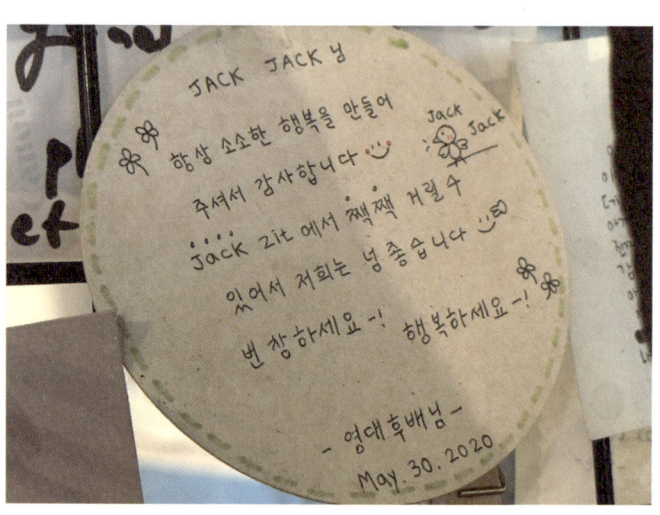

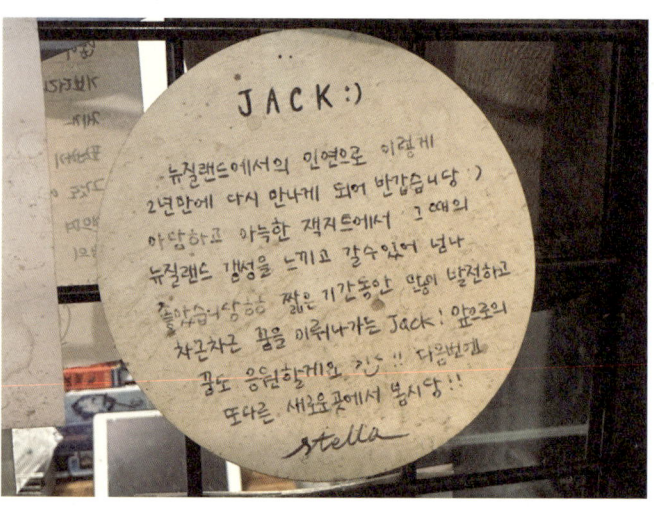

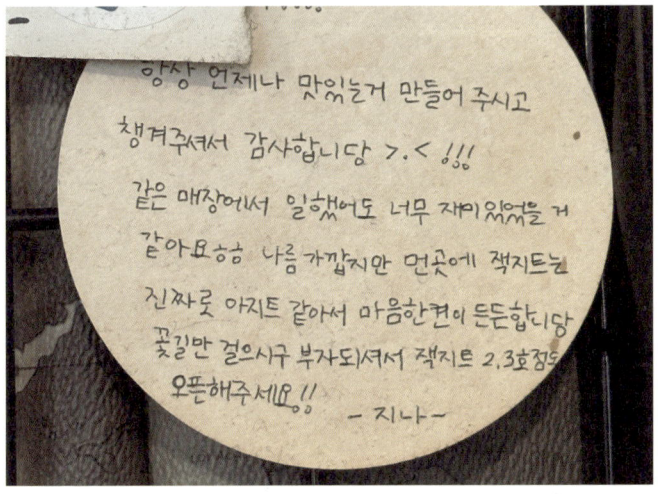

꿈꾸던 카페, 일단 시작해봤습니다

1판 1쇄 찍음   2023년 7월 24일
1판 1쇄 펴냄   2023년 7월 31일

기획자   김민욱
지은이   김민욱
펴낸이   김민욱

펴낸곳   헝그리북스
등록번호   제 513-2023-000015 호
등록주소   38654 경상북도 경산시 대학로9길 8
전화번호   2782-2452
전자메일   seruin8@gmail.com

ISBN   979-11-984008-0-2 03810

* 책값은 뒤표지에 있습니다.